蓮師文集

Treasures from Juniper Ridge:

The Profound Treasure Instructions of Padmasambhava to the Dakini Yeshe Tsogyal

松嶺寶藏

蓮師向空行母伊喜・措嘉開示之甚深寶藏口訣

蓮花生大士（Padmasambhava）／著

祖古・烏金仁波切（Tulku Urgyen Rinpoche）／釋論

艾瑞克・貝瑪・昆桑（Erik Pema Kunsang）、
瑪西亞・賓德・舒密特（Marcia Binder Schmidt）／英譯與編輯

黃靜慧／中譯

普賢法譯小組／校閱

書錄與埋藏：伊喜・措嘉

取藏：娘・讓・尼瑪・沃瑟、仁增・果登、桑傑・林巴、仁千・林巴、
多傑・林巴、蔣揚・欽哲・汪波、秋吉・林巴

南無　咕如　德瓦　達基尼　吽

欸瑪后
不變金剛蓮花所生身
法音繚繞勝者無我語
一切甚深寶藏遍知意
眾生怙主我虔敬禮敬

目次

引言教導

蓮花生大士的口訣指導極爲重要，因爲他不僅僅是傳說中或古代神話故事中的人物，而是一位眞實的人。他毫無間斷地任運開展佛行事業，其中包括化現爲諸伏藏師等，使世人能一直有清新且完整無缺的教法得以修持，這也確保蓮花生大士的精神影響與加持得以連綿不絕。

蓮花生大士在離開藏地之前，將許多法教密藏起來，留待後世由藏人所稱的特定「德童」（tertön 音譯）或「伏藏師」（取藏師）發掘出來。由於世界在不同的時代會發生不同的變遷和動盪，爲此，蓮花生大士隱藏了特別適合未來不同時期修持的特定法教。這些隱藏的法教被稱作「伏藏」，會在後世由蓮花生親近弟子們的轉世化身所取出，而這些大師往往也是蓮花生大士本人的化現。這些伏藏法教的特點，在於其爲針對特定世代、特定時期、得遇教法的特定個人，提供了適合他們的成就法門。蓮師在水晶珍珠松嶺（Juniper Ridge of Crystal Pearls）所傳授的伏藏教法，包含了數以百計此類教言的精華要義。

輯錄這些教法的伊喜．措嘉是女性佛陀（佛母）的化現，稱為智慧空行母。伊喜．措嘉是蓮花生大士的上首弟子，她與蓮師合作，輯錄且編纂這些珍貴的法教，並將它們藏匿起來以供後人修持，對人類有著極大的貢獻。

在康地有一句諺語：「要像把袋子從裡向外翻一樣，毫不保留地道出。」同樣的，在這本《松嶺寶藏》中，蓮花生大士把他的袋子從裡向外翻出來，毫無保留地揭示了一切。數百種教法的精華要義就包含在這裡，完全赤裸無遮地呈現。

因此，當我的學生艾瑞克．貝瑪．昆桑詢問我，該要翻譯蓮師與弟子們之間的哪些問答時，我告訴他，全部都要翻譯。我們需要完整的教法集結，如果將見地的教法排除在外，就是不行。如果這麼做，蓮花生大士的教法就會不完整了。

雖然我無法為這份文集增添任何東西，我想在幾個重點上略為著墨，作為一個祥善的緣起。在我們穩固建立正確的見地之前，所經驗到的一切，都是以顛倒的輪迴現象爲主。爲了能有正確的體驗，我們需要仰賴智者的教言，然後在修持中實證我們所領受的教法。

以下是有關輪迴現象的傳統觀點：

首先教導非存有，並解釋空性的本質。

接著教導存有性，並解釋能知的自性（明性）。

最後教導存有與非存有合一。

（首揭非有，闡釋空性。次揭存有，闡釋明性。末揭合一，有與非有。）

這是指本質與自性、本淨（本初清淨）與任成（spontaneous presence，任運現起），在本覺、覺性之中是合一的。因此，我們說輪迴的現象雖然顯現，卻非存有。以本質來說，輪迴的現象是非存有的，而以自性來說，輪迴的現象則是顯現的。顛倒現象的空性面向（空分）與顯現面向（顯分）是不可分離（無二）的。非顛倒的清淨現象，則是本淨與自顯的合一，超越二元感知（分別想）的對境，有如天空中的彩虹。

彩虹雖可見，卻無自性，沒有可以執取或可以握持的事物，這就是清淨、非顛倒現象的示例。

有情眾生所感知的現象，是逐漸變得愈來愈粗重的。現象最一開始是由稱爲「非有想非無想」的輪迴界開始。眾生因爲攀緣於顯分的緣故而迷失流轉，從這裡墮入了輪迴三界之中。首先顯現了無色界的四無邊處，其後再顯現色界的十七重天，然後顯現了欲界的六重天，最後則是六道的眾生。

正如噶舉派的上師們所言：「俱生心性爲法身，俱生顯相爲法身之光。」這裡的顯相指的是非顛倒的清淨現象。顛倒的現象，已變得愈來愈粗重。四無邊處是無形相的，十七重天中的形相則是光的形相。變得更粗重之後，欲界六道中的色身則是由血、肉所成。

外在的顛倒現象，是爲地、水、火、風四大元素。在這四大之中，我們有著肉與血、骨骼、體熱、氣息、五蘊及五根。儘管如此，所有的現象從一開始，就無具體的存有。在昨夜的夢中，我們感受到快樂與悲傷、國家與居所、房舍與城堡等。我們能夠夢見這一切，但是從夢中醒來時，所夢見的那些已然消失無蹤。眼前的一切現象，之所以確然存在，是由於迷惑力的關係。

但是當本覺獲得穩固之後，我們便不再困惑，因此可以毫無拘束地穿越一切現象，這即是一切現象本初即非實有的徵象。如果一切現象從一開始就存在，諸佛若是要穿越它們，就必須先將它們消滅，但他們卻不需要這麼做。現象並無一絲一毫是實有的，儘管我們由於顛倒的經驗方式而覺得現象實有。好比一個地獄眾生，以其概念性思惟會感到地獄眞實存在，但當其離於這樣的概念性思惟時，便沒有眞正的地獄了。

像蓮花生大士這樣的一位大師，由於他已獲本初清淨與自生❶（self-existing，本自即有）覺性的穩定力，所以能隨意自在地穿越山岳岩石。蓮花生大士擁有驚人的神通力，例如於空中飛翔、自在穿越固體，且能毫無障礙地宣說一切佛經、論典與密續要義。這些，是與蓮師的教言和開示結緣能獲極大加持的更多理由之一。

在未來的某個階段，我們將具備一切證悟的功德，且清淨一切的遮障。由此，我們將證得無上正等正覺。但是在這之前，有情眾生尚無法經驗到圓滿證悟的境界。如果凡夫有情之眾也能經驗證悟，那將會是美妙的。據說，當你證悟時，不論是所見、所聞、或是心的狀態，沒有一物不是清淨的，即使一粒微塵也是清淨的。一位成就的瑜伽士看待萬法，都是相續不斷的清淨覺性，整個外器世界是越量宮（聖眾所居之殿堂），一切內在有情眾生都具有勇父與空行的本性。

我們即刻的感知就只是扭曲顛倒的。當顛倒清淨時，個人經驗中的一切都被視作清淨。凡夫眾生無法感知這種清淨，但若你自己能成爲具有成就的瑜伽士，那時將看見這根本的清淨。這是個人感知與他人感知之間的差異：因爲其他眾生本來就是清淨的，所以你看見他們是清淨的；但是由於遮障的緣故，他們自己看不見這份清淨。對一位具有成就的瑜伽士而言，內外一切都是佛的身、語、意、功德、事業的清淨本性，而這樣的瑜伽士會感知到輪迴與涅槃的大平等性。

編按：註號●為中譯註；○為原註。

❶ self-existing 和 self-arising 不同，前者為本自即有，後者為自行生起，但兩者都有可能翻譯為「自生」（例如自生智，self-arising wisdom），故加上原文說明。

證悟就有如從睡眠中醒來。概念性思惟創造了對日常生活的一切感知與現象，這就有如夜間的一切經歷，都是由睡眠所創造的。當你從睡眠中醒來時，夢便消失無蹤。當顛倒的經驗與概念性思惟的迷惑完全淨除的時候，此刻的迷惑便完全消失無蹤。現象的顯現僅僅是虹光的展現。當不再有顯現時，就只有本初清淨的虛空。

對於現象的凡俗經驗，稱爲顛倒見——有情眾生的迷惑感知。在一個具有清淨感知者的經驗中，屋舍將變成越量宮。在越量宮中，體驗不到地、水、火、風，一切都是虹光。多麼奇妙啊！屋舍是虹光的屋舍，你不能說它不存在，因爲它顯現了功德。你也不能說它存在，因爲感受不到具體的地、水、火、風。這揭示了它們的本初即非實有性。

覺性必須回歸到內在虛空（inner space）中。本覺在愈加誤入輪迴而迷失後，如今必須回溯其原本的步伐而重回本初的清淨。外器與內情的二元現象，不具絲毫髮尖般的具體實有。本初清淨是毫無實有的。輪迴與涅槃的一切現象，乃從本初清淨的虛空中顯現。醒時狀態中的種種現象，都是以概念性思惟的框架而加以認知。當你能離於一切概念而穩固清醒的了知時，輪迴的現象就有如一部解體的電影放映機。你可以在電影中創造第三次世界大戰，但是當電影停止播放時，戰爭也結束了。

當我們將教法應用在自己的情況時，會產生各種徵兆，而在修行中能辨察眞正的增上徵兆，則是件好事。比如，在禪修本尊之後，應該會看見本尊。圓滿次第的一般徵兆，則是看見光、煙、海市蜃樓等。我們確實可以親自以雙眼，看見這些加持的徵兆。

接著，也會有禪修的覺受，稱爲「釀」（*nyam*），它既非實際、亦非如夢，而是有點兒介於兩者之間。我們可能會有大樂或空性的覺受。我們或許會想：「今天我的覺性眞的很驚人，赤裸而不變，離於二元，離於對樂、明、無念等覺受的貪執。多麼不可思議的覺性！」這樣的感受，雖只是一種短暫的覺受，它無論如何都是修持的徵兆。

修持的徵兆不一定都是好的，有些好、有些壞。有時候我們發現自己無法禪修，很難好好打坐，或者心情低落或憤怒，這些都屬於不愉快的覺受。愉快與不愉快，這兩種覺受都是修持的徵兆。但是，不論發生什麼，一切都只是本初清淨天空中的雲朵而已。天空中時而有雲，時而無雲。不論是太陽在以彩虹為裝扮的無雲晴空中照耀，還是天空下著雨、風暴或下雪，一切都只是覺受而已。

然而，修持的徵兆可分為兩個階段：覺受與實證。眞正的修持徵兆，是你的心自自然然、毫無困難地離於攀執。另一個好的徵兆、且是重要的成就之一，就是當你的心中滿懷虔誠、信心與悲心而如此自在，有如天空充溢著陽光的溫暖之時。不過，眞正的成就，則是保持不受樂、明與無念之覺受的影響，且同時離於兩種禪修的障礙：昏沉與掉舉。昏沉是指無法確實知道你的覺性是否明晰，而實際上覺性已受遮蔽。昏沉有三種：感到無聊乏味、昏昏欲睡或朦朦朧朧。掉舉也有三種：感到散亂、興奮激動或心不在焉。

簡而言之，即使只是一絲的攀執，都能對我們的修持造成傷害。我們應該自然而然地斬斷念頭，但是如果我們沒注意到自心已受遮蔽，反而變得失去感覺，或者我們變得掉舉，心就無法安靜下來，而我們會覺得無法斬斷念頭。若能離於昏沉與掉舉，見地就會清晰無遮。覺性能維持多久，端看我們對它有多熟悉。

若要迅速熟悉於不造作的覺性狀態，最完美的方法就是對證悟的聖眾持有虔心，且對未證悟的眾生懷有悲心。那麼，如言：「在愛的那一刻，空的本質將赤露開顯。」①虔心與悲心都是愛。當身、語、意都感受到勢不可擋的愛，如果你在那時候向內觀看，它就有如不受雲所遮蔽的太陽。這就是往昔噶舉與寧瑪的修行者，個人並不博學而仍能獲得證悟的方法。他們憑著極少的理論知識，就能夠獲得覺受——覺性的大莊嚴。這個覺受應該是沒有二元執取的，因為有執取的覺受並無利益可言。

迅速獲取正覺，有賴於對三寶的信心與虔心，以及對我們如母有情眾生的悲心。具足這些條件時，空性的本質將能赤露顯現。這是無誤且無上的雙運（合一）之道。佛法的不共功德，是不受斷見（虛無主義）與常見（恆存主義）兩種邊見染污的雙運，落入任何一種邊見都是侷限，都將阻礙人在正道上的進展。採取雙運的見地，

①引述自第三世大寶法王的聞名著作《大手印祈願文》。中譯註：「於諸苦痛無邊有情眾，願常生起難忍大悲心，難忍悲用未滅起悲時，本質空義赤裸而顯現。」

也就是心的自性是空、明兼具，那麼明性將淨除斷見，而空性將淨除常見。這雙運是遍滿了知的空的能知。若無此雙運合一，有人會說心是恆常的，又有人會說心是空無的。若是墮入如此的歧誤之中，常見與斷見將會產生能知與所知的二元經驗。

虔心與悲心是最偉大的技巧、最卓越的法門，比起觀想本尊和持誦咒語，要好上一百倍。在大圓滿教法中，我們通常說，唯有不造作的自然悲心與虔心是重要的，但我們必須從造作出信心與悲心入手。

儘管虔心與悲心已然存在於覺性——你自己的本質——之中，但由於自然而不造作的虔心與悲心並不會立即開展，因此一開始你需要去造作虔心與悲心的感覺。然而，隨著你對覺性逐漸穩固之後，你將自然而然對一切眾生感到慈悲，心想：「有情眾生都不知道，這個最珍貴的自性，就有如佛果就在自己的手心之中！」

虔心會隨著這樣的念頭而生：「能夠斬斷這迷妄的根基，是多麼棒的事情。眞是不可思議，一切善德都圓滿了，一切過失都竭盡了。再也沒有什麼比這個覺性更殊勝的了！」你如此而獲得信心。

如果我們知道怎麼做，那麼只要禪修空性，其本身就完全足夠。但如果你尚未眞正認出正確的空性，那麼唯有透過悲心，你才能被引導至空性。爲求最佳的結果，你便需要空性與悲心這兩者，此稱爲遍滿悲心的空性。

眞正的虔心與悲心有如夏日的暖熱，能將冬天的冰塊融化。深入觀看虔心的本質，你會直接看見赤裸的覺性。那就是爲何虔心是如此珍貴與重要的原因。

從來沒有教導說，無悲心的空性是眞實的證悟之道。水，向來是濕的。沒有任何一位有情眾生，能不先明瞭空性就證得佛果。一旦你眞正體悟空性，悲心將自然生起，你會想著：「如果一切有情眾生都能了悟這一點，該有多麼美好啊！」

祖古．烏金仁波切

摘自其口傳教法合集

英譯者序言

《松嶺寶藏》是蓮師於九世紀駐留藏地時，所傳授伏藏教法合集當中的第三部。本書與前兩部蓮師教言合集──《空行法教》以及《蓮師心要建言》，主要是輯錄蓮師與其主要弟子之間的問答，尤其是他與空行母伊喜．措嘉的問答。這項令人欣喜且具啓發性的翻譯計畫，經過數年來的開展，自然而逐漸有所演進。

第一部《空行法教》的主要內容，是由甚深的基礎修持法門所構成，如皈依、菩提心、本尊和上師相應法。取出這些教言的伏藏師是娘．讓．尼瑪．沃瑟（Nyang Ral Nyima Özer）以及桑傑．林巴（Sangye Lingpa）。《蓮師心要建言》將教言帶入稍微較深的層次，內容包含對於見、修、行的開示。除了先前的兩位伏藏師外，《蓮師心要建言》還引介了仁增．果登❶（Rigzin Gödem）以及秋吉．林巴（Chokgyur Lingpa）兩位伏藏師。①

第三部《松嶺寶藏》則是三部合集當中，指導內容最爲細膩且最爲深入的一部。這些選文的開示對象是較有經驗的修行者，強調見地以及有緣念與無緣念此兩種禪修的合一。

本書的內容來源，主要以十二世紀伏藏師娘·讓·尼瑪·沃瑟（1124 - 1192）所取出的伏藏爲本。我所使用的手稿原爲丹麥皇家圖書館所典藏，是由丹麥籍的中亞探險家亨寧·哈崙·克里斯琴森（Henning Haslund Christiansen）從一所蒙古寺院所攜回。頂果·欽哲法王在一九七六年參觀該圖書館時，向館方請求參閱所有的手寫原稿，並決定複印當時在印度尚付之闕如的六函書籍。這六函當中，就包括了娘·讓大師的部分伏藏結集，名爲《伊喜·措嘉佛母問答錄》（*Jomo Shulen*, The Questions and Answers of the Lady Tsogyal）。

❶北伏藏的始祖，中譯名依其西藏法座多傑札寺之通譯，Rigzin 通常意指「持明」。

①《空行法教》中有收錄關於娘·讓·尼瑪·沃瑟和桑傑·林巴這兩大伏藏師的更多詳細事蹟。

《松嶺寶藏》中所收錄的其他教言，則來自娘・讓的《瑪爾契》（*Martri*），桑傑・林巴的《上師意集》（*Lama Gongdü Cycle*），仁增・果登的《直示密意》（*Gongpa Zangtal Cycle*），仁千・林巴❷（**Rinchen Lingpa**）的《企秋・昆卓・千波》（*Chigchö Kündröl Chenpo*），以及蔣揚・欽哲・汪波（**Jamyang Khyentse Wangpo**）與秋吉・林巴所重新發現的伏藏（再伏藏）。

在前兩部中，我們對於過度強調見地一直有所保留，唯恐會產生誤解。但在《空行法教》出版後的十五年間，數量漸增的佛法弟子，有幸能以現代的語言，閱讀到極為深奧且曾受密存的教法。隨著佛法在西方世界逐漸成熟，也出現了愈來愈多傑出的譯師，這股趨勢將繼續利益現代的修行者。在這樣的環境下，再加上祖古・烏金仁波切的指示：「要一字不漏的翻譯。忠於原文。不作任何更正，也不要去除見地，否則蓮花生大士就會顯得是佯裝虔誠了」，我們因此認為獲得授權，可在這裡向讀者呈現這部合集。

本書的最後一章〈蓮花水晶窟寶藏〉❸與其他各章有所不同，因為它敘述的，是蓮花生大士在其上師師利星哈（Shri Singha，意爲「吉祥獅子」）跟前的個人修持進展。

最後，我要感謝參與這份工作的每一個人。首先，蓮花生大士的慈悲光耀賜予我們如此啓發人心與令人讚歎的教言，伊喜·措嘉佛母虔敬地將教言記錄並隱藏起來，祖古·烏金仁波切賜予我勇氣，並鼓勵我將這些教言翻譯出來，對於上述，我的感激無以名狀。

此外，我也感謝所有協助本書問世的法友們：感謝瑪西亞·舒密特（Marcia Schmidt）不斷督促我完成此書，感謝麥可·推特（Michael Tweed）的精湛編輯，感謝沃德·布里希克（Ward Brisick）編輯〈蓮花水晶窟寶藏〉一篇，感謝文字編輯梅根·豪爾（Meghan Howard），感謝校稿者柴克·比爾（Zack Beer）和凱薩琳·戴藤

❷西藏的伏藏師，為印度大班智達慧光（Prajnakara）的轉世。

❸位於宗薩寺上方大約四小時路程的聖地，又稱為水晶蓮洞（藏名：padma shelphuk），為東藏二十五大聖地之一，秋吉·德千·林巴取出大圓滿三部伏藏之處。

（Catherine Dalton），排字者僑安・歐森（Joan Olsen），以及少不了要感謝多年來一直慈悲支持並贊助出版的理查・吉爾（Richard Gere）。

在翻譯如此美妙教材的過程中，有許多的加持。我只祈願自己對於本書的內涵，至少能呈現其深奧性的微微一分。仰仗蓮花生大士的神妙事業與勝觀之力，願與他有緣的所有眾生，皆能共聚於銅色吉祥山淨土的蓮花生大士面前。

艾瑞克・貝瑪・昆桑

二〇〇八年藏曆正月十五吉祥日

完書於丹麥的自生智慧禪修院（Rangjung Yeshe Gomdé）

1 關於修持甚深教言的指導

大師賜予國王以下的指導：

陛下，要實修此教言之義。

輪迴諸道中，無自在可言，
覺醒狀態中，方可尋得之。
此覺醒狀態，絕非由努力而得；
非以力可達，乃藉任隨、從不奮力而至。

輪迴，不因排斥而可棄；
任隨，輪迴將自行解脫。
試圖解除苦難，未曾帶來自在；
藉由鬆坦任隨，方能感到自在。
於渴求之中，找不到安樂，

唯放下渴求，方能得安樂。
試圖避免貪執，無法斬斷貪執，
唯有藉由厭離，眞能停止貪執。

教言，非靠希求而可得，
覓得上師，即可得教言。
僅僅依靠請求，未曾獲得加持，
生起虔誠之心，加持便將來到。

國王啊，恆時以法爲伴，方能獲得安樂，
捨棄分心事務，懷持見地與禪修的本性，
安住於無生的法身平等性中。

國王感到歡喜，以深切的信心與恭敬心，頂禮上師並於上師周圍繞行。

2 自解脫的覺性

大手印的直指教言

禮敬鄔金蓮花生。

此乃大手印訣示。

烏迪亞那的上師說：諦聽，措嘉。於教導大手印的直指竅訣時，有四個要點：見大手印、修大手印、果大手印、行大手印。

首先是見地的大手印。續典中說道：

見大手印是心的自性，
無須證明之或驅逐之。

如此，大手印無所緣，無指涉，本性為無生，不因環境狀況而毀壞。大手印的戲要無所拘束，是本然的狀態，是一切可知事物的基本自性。

此外，大手印沒有需要產生的善德，也沒有需要滅除的過失。就有如誤將繩當為蛇的譬喻一般，錯的是把繩當成蛇的想法，而不是繩子本身。雖然乍看之下像是蛇，但後來就了悟它只是一條繩子而已。既無須證明那是條繩子，也無須將蛇趕走，一點也不必。同樣的，一切可知事物的基本自性，本身即是大手印的自性。因此，既不需要產生無念的覺性，也不需要消除意念。思及之際，無念的覺性是直接現前的，因此它也稱爲原本圓滿的清淨，不屬於恆常或空無等兩種性相的任何一種，也不屬於能知或所知。

其次是禪修的大手印，續典中說道：

> 任由基本自性無攀執而安住，
> 即是禪修狀態的大手印。

如此，禪修的大手印是心中了無執取，隨由心的原本自性保任如是。因此，它並非思考的結果，非經由指示，非「是」或「不是」某個東西。它沒有衝突與意念的造作，且什麼也不排除。

此外，任隨的住於本然之中，無須以對治作修正，正如海與浪一般。當大海起浪時，浪由海中而起，又回歸於海中。浪與海無二，海與浪無二。保持寧靜有如一味，有如海中之浪。如同這個譬喻，於你心性的大手印中，在離於念頭的原本自性中，全然地任其安住於本然之中。心中無所執持。不論生起什麼念頭，在念頭生起的那一刻，該念頭都不離於無念與無誤的覺性。念頭由你而生，向你顯現，又消融於你。在那一刻，本然狀態並非你所能思惟的，也無法以文字指出。

由於沒有能感知者與所感知事物此二元性，它並非「是」某個東西。由於此無二的覺性能以任何方式去體驗，它也非「不是」某個東西。且由於這兩種層次的實相是無可分別的，它們便互不衝突。

由於一切被誤解的現象皆以它作爲封印，它並不排除任何事物。因爲它從一開始就是自由而無拘束的，因此被稱爲自解脫的原本狀態。

第三，果大手印，續典中說道：

根基本自成熟爲果實，
那就是果的大手印。

如此，果大手印是當基本自性——所有可知事物的本然狀態——已經成熟證悟。換言之，它的本質，即法身，與空性並存；它的自性，即報身，具有清明覺醒的善巧方便；而其力用，即化身，則是無拘無束的自然表現。

用一個譬喻來說，當一粒種子成熟變成稻穗時，發展爲稻穗的就只是那粒種子。除了種子以外，別無稻穗；而除了稻穗之外，種子無法成熟成爲任何其他東西。正如這個譬喻，果是你本來的心，本然清淨的基本狀態——在無數種短暫的變化都平息回歸自心之後，它就僅爲如是的本然狀態。

它是你自心的空性本質，是無拘無束的覺醒狀態，也就是法身。它是你自心的清明自性，是難以言詮的覺受，也就是報身。它是你自心的表現力用，是每一刻覺受的自行解脫，也就是化身。

第四，行大手印，續典中說道：

為了帶來源源不絕的加持，

便有行持的大手印。

你必須向具有傳承、證量與悲心的上師求取口訣教言。從那一天開始，你必須向他祈請，視他為法身，而非色相之身。由於無法忍受與上師分離，你以深切的渴望融入上師，如此，透過上師的加持，大手印的了悟將自然生起。這是單一便已足夠的捷徑，無須倚靠兩種次第的任何其他方法，此稱為行大手印。

舉一個譬喻為例，在豔陽高照的時候，拿一個未受損壞或無有髒汙的透鏡❶，只要將陽光、透鏡和乾苔放在妥當的位置上，乾苔就可以瞬即燃燒起來。同樣的，當上師的加持、你的虔敬，以及你相續的清淨誠心，這三者同時發生時，只要以懇切的渴望祈請，本來的覺性，也就是大手印，將自然生起。

接著是確保你的相續獲得淨化的方法。於接受口訣教言之後，一開始要前往僻靜之處獨自隱居。其後，要捨下所有其他的目標——完全的放棄，不斷重複培養這個心態：「若把這個只能獲得一次的暇滿之身揮霍掉，是多麼可怕的浪費啊！由於沒有任何事情是確定的，如果我今晚或現在就死了，該怎麼辦！我的心還沒有獲得任何的穩定。我死了之後，沒有任何人、任何東西會陪伴我！」

之後，皈依並多次生起堅決的菩提心。運用各種方法清淨你的障蔽，並積聚資糧。不過，特別要在心的中央，觀想自己的根本上師，思惟：「他就是大手印，法身佛！」懇切誠意地向他祈請，直到你筋疲力竭爲止。屆時，你的意識將變成無念與空的狀態，那是一種無以言喻的清明覺受，或說是離於貪執的大樂狀態。認知到：「僅僅這個，就是上師的心，我自己的心，是法身的大手印！」然後安住於本然根本狀態的任運自在之中。

一開始，以短時而多次的禪坐重複修持，如此，你的念頭將如薄霧般蒸發。之後，延長禪坐的時間，藉此保持完全無念。最後，超越禪修（座上）與休息（座下）

❶ 一千多年前，即有人們把透明水晶或寶石磨成「透鏡」以放大影像。

的界線，你將擴及而進入萬事萬物皆是法性的一性狀態。

在座下休息時，以持續與遍滿的清明覺性進行所有的日常活動，離於任何意念的造作。然而，即使這種本然狀態現在已經成爲你的實際狀態，你仍需不斷培養對有情眾生的廣大悲心，並祈願能夠以無爲的方式自然成辦他人的安樂。

這不過是「自解脫覺性：大手印直指教言」當中的片段。

三昧耶。༔ 封印，封印，封印。༔

這卷美妙且究竟的教法，是止美・貢噶（Drimey Kunga）的再伏藏，由貝瑪・韋瑟・朵昂・林巴於「直脛紅岩」作為悉地（成就）之一而取出。其後則將此交予鄔金・奇美・滇尼・雍仲・林巴。願此能使真實的密意傳承廣弘遍及等虛空一切處所。①

①貝瑪・韋瑟・朵昂・林巴（Pema・Ösel Do-Ngak Lingpa）是蔣揚・欽哲・汪波的伏藏師名號，鄔金・奇美・滇尼・雍仲・林巴（Orgyen Chimey Tennyi Yungdrung Lingpa）則是蔣貢・康楚・羅卓・泰耶的伏藏師名號。

3 二十一至要教言

聖號為蓮花生的烏迪亞那大師，是阿彌陀佛的化身，神妙地誕生於海中島嶼的一株蓮花中。他已阻斷了出生與死亡，安住於超越滅度與遷轉的身相中。他的語音能宣說九乘教法，其中包含了一切因乘與果乘的教法。他的心意具有遍知智（一切智智），能理解一切法的至要關鍵。

卡千公主措嘉佛母向這位上師問道：「我無法了解外內教法、八萬四千法門，以及上下乘的要點，因此請您賜予我至要的教言。」

她不僅以身、語、意令上師歡喜，並隨此次請法而獻上黃金曼達，且在曼達上以綠松石為嚴飾，以象徵七種珍貴的財物（七皇寶）。

措嘉佛母向上師問道：「總攝一切顯、有的至要關鍵是什麼？」

上師回答：「虛空，是為總攝一切顯現與存有的至要關鍵。四大都在不斷的變異之中，是無常的，但虛空的本質從一開始就是空性與不變。地、水、火、風這四個大種，都是瞬間即逝的性質。當它們顯現的時候，顯現於虛空的廣袤之中；當它們留駐的時候，留駐於虛空的廣袤之中；當它們消融的時候，消融於那相同的廣袤之中。由於虛空的本性是穿越三世❶都不變的，因此一切顯現與存有的事物，都可以凝萃入於虛空。

雖然以虛空爲例，但其涵義爲法性，法性有如虛空一般，自本初之始以來即是空的。而其徵象是，在有如天空一般的空性心中，習氣與煩惱正如雲朵和薄霧。當習氣與煩惱顯現時，它們顯現於空性的心中。留駐時，留駐於空性心的廣袤中。消融時，消融於空性心那相同的廣袤中。

當你了悟它是如此的狀態時，便不受業行與煩惱等習氣的過患所染，即稱作總攝一切顯、有於單一的至要關鍵。」

❶三種時間，應指過去、現在、未來。

措嘉佛母向上師問道：「總攝八萬四千法門的至要關鍵是什麼？」

上師回答：「總攝八萬四千法門的至要關鍵，是爲法性的大自在。其他的法都會變異，且不持久。法性的大自在，從一開始就是任運現起（任成）的，它離於刻意的努力，是無作意的狀態，本自即有的自然現起，且一直是無造作（非構想）的廣袤。

當其他道乘的八萬四千法門顯現時，是在法性大自在的廣袤之中顯現；留駐時，是在法性大自在的廣袤之中留駐；消融時，依然是在法性大自在的廣袤之中消融。不論諸法如何變異，不論用哪些文字作爲表達，不論博學者如何加以解釋，法性大自在的本性都保持不變。

因此，一切法的至要關鍵爲，於法性的大自在中毫不奮力地平等安住，這就是八萬四千法門的至要關鍵。」

措嘉佛母向上師問道：「總攝每一位有情眾生的至要關鍵是什麼？」

上師回答：「總攝每一位有情眾生的至要關鍵，是爲覺醒的心。每一個色身和每一個心的狀態，都會變異，且爲無常。具四種投生方式的有情眾生，最初之所以出現，乃因未能了悟自心的緣故；接著，由於不了悟自心，故而留駐；由於不了悟自心，所以有情眾生繼續在娑婆世界中流轉。

他們只要認出這從未生起的心，這本初清淨、本自即有的了知，他們便已在自身之中找到『覺者』。在眾生了悟這個自心自性並平等安住的那一刻，且不爲這個心做任何努力時，他們便已經在這廣袤之中覺醒。

由於覺醒的心在三世之中本來不變，因此一切有情眾生都是覺醒的佛。而由於此佛——如來藏——乃遍存於每一位有情眾生之中，了悟這覺醒狀態，便是極其重要的。了悟它，即稱作總攝一切有情眾生於單一的至要關鍵。」

措嘉佛母向上師問道：「總攝每一類智慧的至要關鍵是什麼？」

上師回答：「本自即有的覺醒性，是為每一類智慧的至要關鍵。其他的智慧都會變異，且不持久。本自即有的覺醒性，從本初之始就是自然現前的，它是法性的本性，無有限制的了知。這本自即有的覺性無有未能了知的，無有未能見到的，無有未能了悟的。由於這本自即有的覺性，其本質為覺醒且無可測度，它也是每一種法與智①的基礎，它也是法與智的居處，因此稱作總攝每一類智慧的至要關鍵。」

措嘉佛母向上師問道：「總攝每一類三摩地的至要關鍵是什麼？」

上師回答：「一切三摩地的至要關鍵，是為真如三摩地。其他的三摩地都會變異，且不持久。真如三摩地即是法性，你的真實體性。它是無誤、如是的本來自性，無作意而真實的體性。因其單純具此自性，真如三摩地的空性即包含其他各種的三摩地，無有例外，因為它們都含攝於這一個三摩地的狀態中。每一種可能出現的法，以及覺醒狀態的每一層面，雖然可能是無可計量，但皆無例外，都含攝於本始空性的無費力狀態中，法爾如是。因此，它稱作總集一切三摩地於單一的至要關鍵。」

措嘉佛母向上師問道：「總攝一切處所的至要關鍵是什麼？」

上師回答：「不變的法界，是爲一切處所的至要關鍵，所有其他的處所，都終將毀壞。對於未能了悟法性不變本性的有情眾生，他們的居處、時間、壽命、境況、作爲以及意念都會改變，而法性則不因任何境況或情緒而有所改變。法性與佛國淨土的莊嚴處所或輪迴眾生的可怕居處不同，它不變的本性不受制於善或不善的概念。它因保任無爲而無有變異，不經巧計或加以費力，那就是法界之處。了悟法性的自性，即稱作總集一切處所於單一的至要關鍵。」

① 「法」（dharma）雖然有很多涵義，此處所指為真諦或教法。中譯註：智為本來所具，慧為後來所得，前者的英文大部分是用 wisdom，後者則有可能為 intelligence 或 knowledge 等。

措嘉佛母向上師問道：「總攝一切修道的至要關鍵是什麼？」

上師回答：「總攝一切修道的至要關鍵，是爲超越旅途的修道。所有其他的修道都會變異，且不持久。覺醒心的修道超越旅途，其因是，覺醒的心在本質上就是你的眞實自性，無誤的基本虛空，明覺的無二本性。因此，當你知道如何走上修道的時候，既沒有要行走的道路，也沒有要經過的旅途。在你了悟這個超越來、去的自性之刹那，便沒有可用乘具運載你通過有形道路的基礎。並且由於它非經創造，便稱爲是無可摧毀、有如金剛的覺醒狀態。了悟此一自性，就稱作總集一切修道於單一的至要關鍵。」

措嘉佛母向上師問道：「總攝一切身（*Kaya*）的至要關鍵是什麼？」

上師回答：「一切身的至要關鍵，是爲不變的法身。所有其他的身都會變異，且不持久。法身不受物質與特徵等過患的染污。由於這個非顯現的形相，在任何情況下皆無可摧毀，因此它不會改變。可用意念所指稱的身，例如報身與化身，都會改變。由於不因任何狀況而改變，『身』這個字被定義爲無可摧毀。了解並悟得這個本性，即稱作總集一切身於單一的至要關鍵。」

措嘉佛母向上師問道：「總攝一切語的至要關鍵是什麼？」

上師回答：「總攝一切語的至要關鍵，是爲具有非實有本性的語。其他的語都會變異，且不持久。有情眾生的語以聲音顯現，然後又滅止。一旦你了悟法性的非實有本性，你就會了解到，所有眾生的語也都是無實質的。聲音是聽得見的空性，沒有體性。它們從空的自性中無礙地出現，因爲這本自即有的本性是非實有的。了解並悟得這個本性，即稱作總集一切語於單一的至要關鍵。」

措嘉佛母向上師問道：「總攝一切心的狀態之至要關鍵是什麼？」

上師回答：「離於迷惑的平等性，是爲總攝一切心的狀態之至要關鍵。其他的心的狀態都會變異，且不持久。諸佛的心是無迷妄且無作意的，是沒有束縛的平等性，已淨除一切迷惑的過患，並已開展了知的覺醒②。有情眾生的心未能自我了悟，而共乘所涉及的表面、幻化現象，則都是迷妄。覺醒的心是無謬誤且無作意的，它離於勤奮及努力的束縛，總含了諸佛心意的一切狀態。了解並悟得這個本性，即稱作總集一切心的狀態於單一的至要關鍵。」

措嘉佛母向上師問道：「總攝一切三昧耶的至要關鍵是什麼？」

上師回答：「遍在（pervasiveness，遍及一切），是爲總攝一切三昧耶的至要關鍵，因爲它是無有時間和超越持守的。其他的三昧耶都會變異，且不持久。覺醒的心離於過患與遮障，因此是清淨且明澈的。覺醒的心離於要接受的良善對境，也離於要拒斥的有漏對境，它沒有要持守的事物，也沒有持守這個作爲。處於這樣的本性中而毫無動搖，不與這個了悟的狀態分離，就稱作超越持守三昧耶的遍在。可能違犯的共（一般）三昧耶有無數無量，因此要緊緊管好你自己，守住它們。了解並悟得這個本性，即稱作總集一切三昧耶於單一的至要關鍵。」

措嘉佛母向上師問道：「總攝一切善德的至要關鍵是什麼？」

上師回答：「全然等持的狀態，是爲總攝一切善德的至要關鍵。其他的各種善德都會變異，且不持久。說到覺醒心的善德，一切修行的善德都是從心萌生。若你的心是柔軟的，你便能主宰你所願求的一切，就像是滿足一切需求和想望之源的滿願寶。相對的，扭曲錯亂的學習所產生的微小善德，就不像是全然等持，且不會達到圓滿。

② 「淨除」和「開展」是對藏語「佛陀」（桑傑）一詞兩個字根的文字運用。

柔軟心的獲證與穩定，能賦予你圓滿證悟功德的全然等持。了解並悟得這個本性，即稱作總集一切善德於單一的至要關鍵。」

措嘉佛母向上師問道：「總攝一切事業的至要關鍵是什麼？」

上師回答：「無有奮力而任運成辦，是爲總攝一切事業的至要關鍵。所有一切其他的事業都會變異，且不持久。你的自明之心，從一開始就是無造作地任運現前，因此由於早已達到其目標，所以它並非能靠勤奮和努力而達成的一個事業行爲。所有修持因果教法的人都相信，透過勤奮和努力可以達到一種覺醒的狀態，但這個至要的事業，就有如這樣的說法：『一切作爲，乃藉安住而不奮力所達成；離於奮力，則法身即可證得。』了解並悟得這個本性，即是總集一切事業於單一的至要關鍵。」

措嘉佛母向上師問道：「總攝密咒各方面的至要關鍵是什麼？」

上師回答：「究竟要義的密咒，是爲總攝密咒各方面的至要關鍵。咒的所有其他方面都會變異，且不持久，了知這一點，即是密咒的要義。然而，即使此一了知的空性自性，就在每一位眾生之中，卻依然是個秘密，乃因難以讓各個眾生都了悟。這個究竟要義的密咒體性，從一開始就難以言詮且無法造作，因此依然是個秘密。

它之所以爲究竟要義的密咒，乃因這個經由究竟教言而能開顯的要義，是獲證佛果之因。想要藉由精勤且奮力的修持本尊和持誦咒語而證得佛果，是以有所渴求之心去綑綁佛陀。相信可由努力而獲得對這個本性的了悟，就如一種說法：『成就（attaining）的本身，無法獲得諸佛的境界，因爲行者受到試圖成就的作爲所束縛。』因此，當你了解它是在你之中任運現起時，佛的覺醒狀態便非爲要去成就的對境。了解並悟得這個本性，即是總集一切成就爲單一的至要關鍵。」

措嘉佛母向上師問道：「總攝一切祈願的至要關鍵是什麼？」

上師回答：「無有希望且無有恐懼，是爲總攝一切祈願的至要關鍵。所有其他的祈願都會變異，且不持久。換言之，遵循且修持共通見解之乘，即是持有希望與恐懼的二元見地。密咒金剛乘的祈願，超越了希望與恐懼的二元性，有如鳥兒飛翔的路徑③，這就有如這樣的說法：『圓滿道，不經五道而入；佛陀道，不經願求而渡。』在你僅只是認出覺醒心的無謬誤狀態之剎那，即是認出任運現前的法性之剎那，你就既不希求證得佛果，也不恐懼落入輪迴。如此一來，願望即已從根本上淨除，修道即已於根本上超越行渡。了解並悟得這個本性，即是總集一切祈願於單一的至要關鍵。」

措嘉佛母向上師問道：「總攝一切禪修學處（修）的至要關鍵是什麼？」④

上師回答：「無作意的無修續流，是爲總攝一切禪修學處的至要關鍵。所有其他的學處都會變異，且不持久。

在無念的狀態中，無修而修。
任由修學處於自然樸實之中。
沒有修學的原因。
也沒有禪修的人。
眞實修學的至要關鍵，
是了悟這全然的無有。

共通乘門的有所作禪修，其所教導的已受到費力與獲得這兩個概念所束縛，因此無法帶來自由解脫。因此，了解這自然現前的無修，即稱作總集一切禪修學處於單一的至要關鍵。」

③鳥兒飛翔的途徑，是鳥兒在飛翔時所留下的蹤跡：什麼也看不見。
④藏語「工」(gom)一般翻譯為「禪修」，蘊含的意義為培養、逐漸習慣、熟悉、與修學訓練（學處）。這裡的「禪修學處」用來涵蓋兩種涵義。

措嘉佛母向上師問道：「總攝各種行止（行）的至要關鍵是什麼？」

上師回答：「無行止，是為總攝各種行止的至要關鍵⑤。其他種類的行止皆會變異，且不持久。在行止的同時離於努力，則可成辦一切所做。追隨念頭與習氣，就是落入因果法則之中，此為有情眾生的共乘。

那麼，無行止所指為何？即是不涉及希望與恐懼二元的行止，不論從事什麼法，任隨而處於無奮力的平等捨中，離於刻意與執著的希求。任隨而處於不費力的平等捨自性中，不論所知與所想為何，都是一切諸佛的行止。了解並悟得這一點，即稱作總集一切種類的行止於單一的至要關鍵。」

措嘉佛母向上師問道：「總攝各類成果（果）的至要關鍵是什麼？」

上師回答：「真實及圓滿的佛果，是為總攝各類成果的至要關鍵。所有其他的成果都會變異，且不持久。真實及圓滿的佛果離於常邊與斷邊，超越各類實體的對境，不變且無生無滅，超越各種維度，就如以下陳述：

法身，本自爲圓滿清淨，
個人覺受，無二的基本自性。
此一了知，寧靜如法性狀態，
殊勝之果，超越了一切成就，
源之於你，且於你內在獲證。

反之，此處並不教導共乘中所說的：由信心而獲得解脫，佛果可在他處得證。了解並悟得這個自性，即稱作總集各類果於單一的至要關鍵。」

⑤藏文「卻巴」（*chöpa*）可譯作「修行」（練習）、「作為」、「行為」或「做」，以及「享用」、「取用」或「涉入」。

措嘉我，爲利益後世，將此精聚一切諸佛密意的二十一至要教言封藏起來⑥。若那具業緣的堪爲法器者，在領受之後隨即廣爲弘揚，將有損於此人的修證。因此，要隱藏此爲伏藏寶藏一事，而只逐漸傳揚之。「二十一至要教言」如是圓滿。

寶藏封印。

隱藏封印。

託付封印。

⑥本章標題雖為「二十一至要教言」，但看來可惜的是，不同的原文出處，都只包含了對十八個問題的答覆。其餘的三個問題，若不是包含在這其他的問題之中，就是在數百年間的手抄複寫中佚失了。

4 對老婦的直指教言

當化身佛蓮花生大士受赤松德贊國王迎請，至紅岩的吉祥桑耶寺常駐時，有一位具有非凡虔誠心的善女子敦夫人差遣她的女僕，名叫仁千措的瑪恭女，向蓮師獻上附有葡萄切片的乳酪作為早餐。

後來當大師在前往桑耶欽普的路上，當他正通過城門時，敦夫人在路上向大師禮拜，並對他繞行，然後在他面前雙手合掌，說道：「祈求您，偉大的上師。您即將遠行，而我這老婦人就要死了。

首先，我出生即身為下等的女性。由於忙碌於各種俗事，忘失了佛法。其次，由於知識淺劣，因而我才智單薄。第三，由於年紀漸長，因而我心智不明。

大師，請您賜給我這老婦一個極少辛勞、容易理解、方便應用、且極為有效的指導。請賜給這行將就木的老婦一些教言吧。」

大師回答：「老婦人，你是誰？」

老婦人回答：「這段期間，我一直派遣卑下的女僕送乳酪給您。」

大師歡喜地說：「你的虔敬心絕對比赤松德贊王更大。」

隨後，他對老婦人和她的女僕作此開示：「老婦人，雙足交叉而坐，身體保持直立，在一小段時間裡，只要保持完全放鬆的專注力。」

大師以手指指著老婦人的心間，並給予這個指示：「老婦人，諦聽。如果有人問你，眞實圓滿的佛意，與三界有情眾生之心，其間的差別何在，即不外乎是了悟與未了悟心性的差別。

有情眾生由於未能了悟此一自性而產生迷妄，並因這個無明而歷經無數種類的痛苦，於是眾生便在輪迴之中流轉。佛果的本質早已在眾生之內，但他們無法認出。

首先，佛果的本質就在你心中，特別是具足八暇十滿的人道眾生。此外，個人所擁有的佛果本質，並非男子比較豐盛，而女子比較缺少。因此，即使投生爲女人，你並不會因此而無法證得佛果。

佛陀教導了八萬四千法門，以便眾生能夠認出與了悟諸佛的智慧心，但這些了解全都包含在上師的三字教言當中。因此，即使你學識低下且才智薄弱，並不因此而處於不利的地位。

現在，佛法的意涵、佛陀之心，以及上師的三字教言就是：藉由淨化外在所感知的對境，你的感知將自行解脫。藉由淨化內在能感知的自心，你無有攀執的覺性將自行解脫。由於其間的明覺令人歡喜，你便認出你的自性。

如何淨化外在所感知的對境呢？這個現前的覺性——心的覺醒狀態——不會因念頭而敗壞，且感知為自然的光明。任其就像那樣，便能感知對境、卻不攀緣對境。如此一來，不論顯相如何現起，它們實際上並非真實，且不被執持為真實的事物。因此，不論你感知何種事物，不論是大地或岩石、山巒或懸崖、花草或樹木、房舍或堡壘、貨物或工具、朋友或敵人、家人或伴侶、丈夫或妻子、兒子或女兒——對於所有這一切，以及所有其他事物，你都不抱持宣稱擁有權的態度。因此雖然感知，卻不以那種方式執持它們。藉由離於對任何事物的攀緣，你於外在所感知的對境已然淨化。

淨化對境，並非指你不再感知對境，而是指在光明與空性之中，不執持且不攀緣於對境。猶如境中影像之例，雖然顯現、卻是空的，因為沒有任何事物可以執取，你的感知便稱作『對你自己出現的感知』。

藉由淨化內在能感知的自心，這是讓無執覺性自行解脫的教言：不論心中生起什麼——念頭、記憶或五毒情緒之流，當你不將心思專注於它們的時候，那種流動就自行消退了，因此你便不會受到念頭過失的染污。

內在無有過失，並不表示成爲了無生氣的石頭，而是指你的覺性保持離於思惟的過失，有如到達珍貴黃金島的例子一般。在這個黃金島上，連『石頭』這個名稱都不存在。同樣的，一旦你的思惟融入到本然的覺性之中，甚至不會有『念頭』這個名字。

由於其間的明覺令人歡喜，這是認識你自己自性的教言：在修持的時候，無不了知，你自己的意識清楚、清淨且清醒。修持時，你將體驗到自己內在、本自即有的覺性既不會因有念的態度所敗壞，也不會攀緣於大樂、明性或無念。由於它本身是佛的心，你已經認出你的自性。

就像你無須想像你的母親是自己的母親那樣，因爲你不會害怕把她誤想成不是你的母親。同樣的，當你的覺性認出它是法性的本具自性時，你將不再把輪迴的現象誤想爲是固有的自性——即使你不認識它，你也從未與法性的本具自性分離過。

由於這是所謂的無造作修學，法性之母即是一切現象無自性的事實，法性之處即是認知它們是無自性的，而自己了知你的自性會被如此稱呼，是因爲你認出你自己的覺性就是法界的本具虛空。

當你已經認識到這一點，則出生不再有優劣，事業不再有高下，學識不再有強弱，才智不再有深淺，學習不再有廣狹，年歲不再有高低，心也不再有清濁。

這是辛勞極少的教言，但易於理解應用且效果顯著卓越，有了它，你臨終時將不再有恐懼。老婦人，要修啊！生命不會等待你，要精進！你爲了丈夫與孩子做牛做馬，得不到任何回報，因此不要空手而歸，而是要帶著你上師教言的修行糧食！這一生的工作是無止盡的，因此要以禪修來達到圓滿！

老婦人，將我的忠告當成你的護衛，以便在死亡的時候沒有畏懼！」

蓮師如此說道。由於蓮師一邊指著老婦人的胸口，一邊指導著老婦人，因此稱爲《對老婦的直指教言》。一聽聞此法，老婦人和她的女僕皆當下解脫並獲得成就。

卡千的措嘉佛母爲了利益後世而付予書錄，於兔年夏季第二月的第十七天在桑耶的南坡寫下。

爲利後世藏匿此伏藏，
願其值遇堪教之化現！
願其適巧以度化眾生！
藉此，願具緣者解脫其相續！
封印，封印，封印。ༀ

5 見由高降

南無　咕如。（頂禮上師）

上師蓮花生大士的證量，等同於圓滿正等正覺的普賢王如來，他的心意之中持有一切見地與禪修的教言，並且從來不曾偏離眞實的意義。卡千的措嘉佛母請求他開示信解「了悟見由高降」的一切要點。

卡千之女向蓮師問道：「一切顯現與存有、輪迴與涅槃的現象，最初從哪裡生起？」

上師答道：「一切顯現與存有、輪迴與涅槃的現象，最初是從牢固的假名習氣而來。假名有三類：心意的假名、認知（受取）的假名，以及言語的假名。心意的假名使得念頭來去，認知的假名逐漸堆築習氣，言語的假名則化現出種種對境。因此，如果能夠不再安立假名，是比較好的。」

措嘉佛母向蓮師問道：「如何離於安立假名？」

上師答道：「當你能離於心意假名的思惟活動時，你就離於『善』和『惡』的認知假名。當你離於此之後，你也就離於言語假名種種名稱的安立。當你離於種種夢想習慣之後，你就離於各種假名之稱。離於此之後，你就離於『中陰』的假名。離於此之後，你就離於『生死』的假名。離於這些之後，你就已經終止輪迴投生的流續。一切現象都是意念所假名安立的名稱。這些名稱都是不眞實的，因此最好是離於假名。」

措嘉佛母問道：「如何離於假名？」

上師答道：「輪迴與涅槃的現象——儘管在假名指稱與概念分別之下，它們顯現爲快樂或可憎，愉悅或痛苦，我、自己和他人等等——但若你既不改變其名稱，也不附加上標籤，而讓其處於自然的狀態，那麼一切都將自然消融。」

措嘉佛母向上師問道：「諸佛與有情眾生的交會點為何？」

上師答道：「當既無諸佛、亦無有情眾生之時①，〔自然狀態〕超越了知與不了知，超越了悟與不了悟，超越眞實與不眞實、善與惡的時候，便離於了一切的假名指稱。」

措嘉佛母向上師問道：「那麼，有情眾生是如何產生顚倒妄想而落入這個假名指稱的呢？」

上師答道：「由無可假名指稱的狀態中，生起了自我。隨著此自我信念的習氣逐漸鞏固後，便形成了『父親』與『母親』，『子女』與『財物』，『敵人』與『友人』，『感官對境』等等的名稱。如此，自我的信念以及假名安立，便使你產生顚倒妄想而墮入六道之中。」

措嘉佛母向上師問道：「那麼，要如何獲得證悟？」

上師答道：「

非由造作之法而得證，
你需要超越造作之法。
非由指稱之法而得證，
你需要超越指稱之法。
非由闡釋之法而得證，
你需要超越闡釋之法。
非由修爲之法而得證，

①這是指，在有因了悟而成為佛陀、與因未了悟心性而成為有情衆生之前的本初時期。

你需要超越修爲之法。

無所做，無所往，
無所思，無所造，
無判別，無專注，
無依緣，無目標，無攀執。
毫無一物，僅僅安住。②
甚至連『佛』也不假名。
法身乃超越思、言、詮。」

措嘉佛母向上師問道：「這不就是無作爲的自性嗎？」

上師答道：「

其本身雖無有一物，
卻能生諸感知覺受。
其雖非爲具體事物，
卻爲一切萬法之基。
雖連微塵亦無可指，
卻能表述一切指稱。③
雖不執持貪著攀緣，
卻爲萬事萬物之基。
雖其離於一切生死，
卻爲諸病老死之基。

②本句在《上師意集》（*Lama Gongdü*）中的版本為：「毫無一物，自然安住。」

③此處在《上師意集》中的版本為：「它作為一切指稱的根本。」藏文的差異微小：「根本」（root）拼作 *rtsa*，「表述」（expression）拼作 *rtsal*。

莫造作之，莫修改之。
保任離於心念作意，
本初寬廣，本始狀態。
輪、涅自行原地消融。
我執，此一最密敵人——便將自然消退無蹤。
恐懼凶兆，已轉為祥。」

措嘉佛母向上師問道：「心是過失的基礎嗎？」

上師答道：「

無證量，是為過失的基礎。
要了悟，心性的本質為空。

於此廣袤空性的法身，
無可居存過失的染污。
故而三世一切的佛陀
皆由了悟心性而覺醒。

要堅定信解，過失無有本俱的基礎。」

措嘉佛母向上師問道：「客體（對境）與心是二元分別的嗎？」

上師答道：「

所見客體，乃心的展現，
諸多展現，乃心的遊戲。
雖其本質，乃皆爲空性，

所見客體，皆可消融而無須排拒。

要堅定信解，客體與心非爲二者。」

措嘉佛母向上師問道：「佛果應於他處而得證嗎？」

上師答道：「

住於三世一切諸佛

了悟其心超越生起，

諸佛遊戲由此顯現——由無生境出現三身，

於此之外無可得證。

要對此堅定信解。」

措嘉佛母向上師問道：「離於對變異與遷轉之懼的信心，是什麼呢？」

上師答道：「變異與遷轉，是世人所創立的假名。當你圓滿自明之力且無時不安住於大平等捨的不變狀態時，你就能夠堅定信解，根本上並沒有變異與遷轉。」

措嘉佛母向上師問道：「面臨死亡時，何處可找到無所畏懼的居所？」

上師答道：「當你了悟自心自性從未生起，那麼就算你或許看似改變了色身，你卻從未離開空、明的法身——你的自心自性。你可以堅定信解這一點。」

措嘉佛母向上師問道：「六道眾生的深淵是什麼？」

上師答道：「所顯現的六道眾生種種痛苦，並非由他人所創造。它之所以會發生，是因爲你未能認識自己的自性④，是你自己的心傷害了自己。你可以並應該堅定信解，你自心的大空性乃離於痛苦的根與基。」

措嘉佛母向上師問道：「此心性能受業與習氣所染污嗎？」

上師答道：「業、習氣，以及任何一切善法——善念、禪修，以及禪修對境——皆是心。不善之念與造作不善者，也是心。既然此心從未生起，是空性的，無有實質且廣闊開放，你可以堅定信解，心乃超越是否被任何善或不善業所染污。」

措嘉佛母向上師問道：「是否存在著讓人可能下墮的深淵？」

上師答道：「

下墮之根，爲你自己的念頭，
下墮之處，爲『你』這深淵，
懼於下墮，爲你自心的懷疑，
輪迴，是你自心的迷妄之相。
因此，看見自心乃爲法身的廣袤時，
六道眾生之界，無非就是佛的淨土。
對此，你可以堅定信解。」

措嘉佛母向上師問道：「見地（見）有可能落入任何偏頗嗎？」

④《上師意集》中的版本為：「由汝而顯現，但汝未了證。」

上師答道：「

離於偏差之見地

如天空般無偏頗。

諸法爲心，心之本身是爲空，

亦如天空無偏頗。

對此，你可以堅定信解。」

措嘉佛母向上師問道：「禪修所修爲的（修），眞能被遮蔽或澄淨嗎？」

上師答道：「

於自心之空性本質中，

任其是爲不變之法性。
此覺性無止盡、非二元，
明澈有如日陽之光界。❶

你可以堅定信解，其基本上是超越遮障的。」

措嘉佛母向上師問道：「行止（行）之中，有無任何要取捨之事？」

上師答道：「

離於任何取捨之行止，
有如一無瑕疵水晶球，

❶此處英文 the sphere that is the sun 的意思，若以字面解釋會不易翻譯，故稍作修飾。

置於五色絲綢軟墊上。
所做一切皆爲空、明心，
非由過失、功德而所成。
所見一切皆自現、自融。

對此，你可以堅定信解。」

措嘉佛母向上師問道：「於他處，是否有可成就之果實（果）？」

上師答道：「

現於自身中，非爲可成就。
有如滿願寶，珍貴能如意，
一切所願求，皆由己實現。

一切殊勝德、佛果亦皆然，
何以能生起，皆因悟自心。
汝心自始爲，自現之法身。

對此，你可以堅定信解。」

措嘉佛母向上師問道：「我們應當視外在顯相爲不圓滿的嗎？」

上師答道：「

莫於外物尋過失，
於己而言，外物具實體。
猶如鏡中所映象，
可以眼見，卻非眞於彼。

對此，你可以堅定信解。」

措嘉佛母向上師問道：「我們應當視念頭爲不圓滿的嗎？」

上師答道：「

莫視念頭具過失。
有如海上諸波浪，
於己靜空自心中，
一切生起諸念頭，
無非法性之展現。

對此，你可以堅定信解。」

措嘉佛母向上師問道：「我們應當依賴依緣的善根嗎？」

上師答道：「

造作之法，皆為概念心，
諸依緣法，故皆將毀壞。
然而法性，無時、本自現。
當離依緣、實質善作為。

對此，你可以堅定信解。」

措嘉佛母向上師問道：「本然的覺性可以出現或消失嗎？」

上師答道：「

於汝之內，顯現覺了知，
自始之初，本自即明澈，
故其體性，自然明亮而離於內外。
此覺醒性，寬廣自現、自然了知。

對此，你可以堅定信解。」

措嘉佛母向上師問道：「因與果可分爲兩者嗎？」

上師答道：「

一一有情眾，皆具證悟質，
佛超越時間，不分因或果。
無有新『事物』，可尋或成就。

對此，你可以堅定信解。」

措嘉佛母向上師問道：「我們應當拒斥愛與恨嗎？」

上師答道：「

五毒無須予以拒斥，
覺性亦非需達之『事』。
敵人非是憎恨標記，
亦莫以愛繫己與友。

你空性的心，是一切的作爲者，因此你可以堅定信解，五毒情緒乃自行消融。」

措嘉佛母向上師問道：「輪迴與涅槃各自爲惡與善嗎？」

上師答道：「

輪迴自性，乃爲依緣法。
依緣意指非實、稍即逝。
瞬間即逝，其自性爲空，
超越善惡，乃恆時空衰。

對此，你可以堅定信解。」

措嘉佛母向上師問道：「三身是如何在一己之內的呢？」

上師答道：「心的空性自性是法身，其能知爲報身，其不受限的功德爲化身。你可以堅定信解，三身本初即在一己之內，其根本上離於三毒。」

措嘉佛母向上師問道：「法性的自性，可運用於修持之中嗎？」

上師答道：「

了證自心其空性本質時，
汝見佛果非需到達之處，
亦非藉由皈依三寶而得。
非爲藉由努力成就而造之物或法（現象）。

對此，你可以堅定信解。」

措嘉佛母向上師問道：「我們有可能會墮入輪迴嗎？」

上師答道：「

汝心空性自性中，
無法尋得輪迴基。
輪迴之根，恆常之淨，
無迷覺性，非可下墮。

對此，你可以堅定信解。」

措嘉佛母向上師問道：「佛法修持中有個修者嗎？」

上師答道：「

本質自了知、本初空性中，
佛法之修持、修者皆不得。
十善作爲者，本初即空性。

故汝佛法修，無有所做者。

對此，你可以堅定信解。」

措嘉佛母向上師問道：「我們應當倚賴個人的教言嗎？」

上師答道：「

佛心確實即爲汝自性，
恆常在你之內無須尋。
僅只了知即爲法身佛，
無法經由他人而示現。

你可以堅定信解，此無須教言。」

措嘉佛母向上師問道：「了證的修行者仍必須投胎轉世嗎？」

上師答道：「

於此天空般的心性中，
無法尋得業的驅使力，
六道眾之胎門⑤便空無，
習氣與業積聚皆耗盡。

輪迴三界由深處瓦解，
唯一之界是爲汝心性，
了無變、遷，基本非存有。
出生、死亡，由根源中斷。
得見阿賴耶無根自性，
便使生老病死流蒸散。

必然淨化一切業熟報，
六道之因已除無效用。
不斥輪迴，其已自消融。
不達涅槃，其境得成就。
輪涅交融，法身中無二，
已無再受業報生之基。」

上師如是說。

上師接著說道：「措嘉，這個教言是三世一切諸佛所行經的道路，因為諸佛皆於

⑤六道眾生投胎的入口。

此自性中覺醒。這是三界眾生得以解脫的道路，因爲眾生皆於此自性中得以解脫。這是我貝瑪（蓮花）的了悟，因此，措嘉，要謹記在心。

業緣尚未成熟的眾生，若聽聞到這個教言會心生恐懼，若毀謗它將墮入地獄。對那些業緣福報合宜的眾生來說，這個教言就有如鏡子，只需領受即可獲得解脫。因此，現在不要宣說，而是將它埋藏封印爲珍貴的寶藏。我將它交付予業緣成熟的有福之人，由他來開啓寶藏之門。」

上師如是說。

此教言法集，由蓮師賜予措嘉佛母，乃關於信解、見由高降的開示，其擷取了蓮師口訣教言的最精要重點。措嘉佛母於兔年秋季第二個月的第十八日，在欽普的上閉關處輯錄而成。

6 日修水晶鬘

《上師意集》法的圓滿次第大手印

如何將「無縛廣袤之珍貴心要寶藏密匣」的譬喻意涵融入日修之中的忠告

南無　咕如　德瓦　扎基尼　吽（頂禮上師、本尊、空行母眾）

禮敬無縛之廣袤，三身本初之圓成

以道大手印瑜伽作爲不間斷的日修時，務必要擁有這些融合譬喻與意涵的教言。由於在你的相續中，留住著三身體性的善逝藏（如來藏、佛性），因此這個教導也包含了三個部分：

1. 掉舉時令平靜的教言，有如把罪犯帶上鐐銬。

2. 平靜時令穩定的教言，有如疲倦者正在休息。

3. 令穩定臻完美的教言，有如旅人於返鄉路上。

此外，化身是於重重念頭淨除之時，報身是不離於該狀態並了知智慧已圓成，法身是離於各種念想作意的清淨。

我們以迷路的王子徒步流浪，來比喻佛的這三身乃自然就在有情眾生之中；以認出該王子是屬於皇室後裔，來比喻經由上師的殊勝教言而認識並體證此三身；以王子重新取回王位，來比喻因修習此三身而重新確認本來的根基、了悟本初即有的三身體性，而覺醒成佛。

一般來說，被各種束縛所綑綁的有情眾生，居住在六道眾生的世界中，而在三界之中流轉，飽受永無止盡的痛苦。所有這一切，都起因於眾生身陷於八萬四千種煩惱之中，而這些煩惱則都是根植於相信有「我」。雖然教導了八萬四千法門，以作爲從這個我執之魔解脫的方法，但要點全都包含在崇高上師的甚深精髓忠告之中。

於此解釋，本初清淨之心，總攝了一切現象之根，這個心有三個層面：體性、自性，以及感知。

心的體性是法身，是本初且全然的清淨性，離於任何作意。但由於不了知這是如此，因而形成盲目流轉的基礎。

心的自性是無遮且明澈的了知，有如太陽般照耀。但由於不了知這是覺性的本然表述——既是明的、也是空的，因而造成困惑，就有如小孩將自己水中的倒影誤信爲某個擺脫不掉的他人模樣。

心的感知，一切念頭的來來去去，都是自行生起又自行消融，因爲念頭是由心中生起，又消融於心中。但由於不知道念頭是自生起且自消融的，念頭便因而產生一連串無止盡的客體（對境），並衍生出許許多多的意念形式。

如此一來，本基雖可能是離於迷惑的，但迷惑卻因不知道這三例的對治法而生起。本基雖可能是無染的，但那暫時相信有「我」的想法卻將其遮蔽。這個扭曲且缺少正念的狀態，接著落入（消極）涅槃的限度，即使（眞實的）涅槃——佛的覺醒狀態——可能在己身之中，卻因爲不認識它，因此也沒有助益。

爲了要認出此來，你需要上師的教言，連同各種善巧的方法。上師的特性，應該由四種分支來認識，而他應該要以六套的見地與禪修來教導：

首先是四種分支，上師應該做到以下：

- 解脫自性支：理解並了知各人的相續狀態。
- 領受教言支：了解並洞察各種不同的才智。
- 信任無倦支：不牴觸共的佛法體制而應用。
- 增益支：以諸多上師的言教補足不圓滿之處。

六套的見地與禪修之中，首先是應捨棄的六種顛倒見地與禪修：

- 缺少信心的見地，有如隨風飄散的羽毛。
- 缺少方法的修習，有如單邊斷翅的鷹鷲。
- 缺少練習的行用，有如困惑錯解的領袖。
- 缺乏進步跡象的覺受，有如受到霜害摧殘的秋收。
- 缺乏穩定性質的行止，有如盲人迷失在北方平原。
- 缺乏識得自性的果實，有如小孩獲贈裝滿黃金的寶盒。

以下是六套的見地與禪修，具有依著智慧而產生的信心：

- 對本然狀態具信心的見地，有如在空中翱翔的鷹鷲。
- 具善巧方便與要訣的修習，有如能黏住蒼蠅的強膠。
- 具從經驗中獲取的對治法，有如老練的醫生診斷病情。
- 具有進步徵兆的覺受，有如品嚐歡愉的年輕處女。
- 具有穩定性質的行止，有如將馬刺用在強壯的快馬身上。
- 無希望與恐懼的果實，有如走在返鄉途中的旅人。

首先，此見地便有如鷹鷲必須用雙翅攀升到廣闊的天空一般，不過一旦牠飛升到開闊的天空後，便不須再費力氣或試圖獲得什麼就可以遨翔。同樣的，此時，你應該由三件事來安立對於見地的確信——勝者（調御丈夫）之語、你自己的才智，以及崇高上師的教言，一直到你證得本然狀態爲止。之後，你便能安住於本然狀態究竟見地的了悟之中，身、語、意皆超越努力與獲得。

此外，要認出你所感知的客體乃是你自己的心，有如在自己的夢中見到的景象。同樣的，要認出這個心是空的，有如看見心是空的虛空。要認出這個空性從未曾生起，有如看見虛空既非物質性、亦無可定義的特徵，並且離於所有生、住、滅的限制。

認出這個無生是自我消融的，有如看見各種展現——就像是雲、霧、靄——在虛空的廣袤中展開，又自然消融於同樣的廣袤中。

在如是教導的同時，最利根的弟子將經驗到於內在開展的本有覺性，就有如太陽在空中照耀，並於一生之中獲得解脫。中根弟子將可安住於此了悟的覺受中，清新、無縛、自然，並經由禪修的訓練而解脫。下根弟子由於在相續之中無法獲得了悟，則必須修習奢摩他（止）作爲獲得了悟的方法，並在相續中逐漸生起了證而解脫。

接著是有如能牢牢黏住蒼蠅的強力膠水般的禪修訓練。身爲瑜伽士，你應該堅守住禪修的覺受，不要間斷。在這麼做的同時，你應該採納身、語、意的三要點。在清楚生起本尊的同時，要觀想上師在你的頭頂上，並向他祈請。想像有數百萬的空行母，在你身上每一毛髮的根部，跳著各種舞姿。然後將心收攝到你身中的心間，讓身心都完全不受拘束，全然的自由自在。停下心與心所的一切活動，就只是安住。完全斬斷每一種念頭，例如感知到什麼、什麼是空的、或運用策略等想法，因爲它們都是你自心的產物。在應用「三身看姿」的同時，不做調整而任運安住於本然之中，在此心性的持續狀態中，單純的保任如是，覺醒、空然而鮮活。

如此修習之時，隨時都要讓你的專注力，有如獨子過世的母親那般毫不分心，有如河水的流續那般從不中斷，有如弓箭大將射出箭時那般猛力有勁，有如婆羅門紡紗時那般平衡專注，有如瘋子那般無盼無懼，有如孩童那般離於貪欲與參照，有如天空那般高揚與寬闊，有如大湖那般明亮與盈滿，有如潛行山坡的獅子那般無有畏懼與膽怯，有如國王治國那般無有黨派之想①。簡言之，身爲瑜伽士，你應該保持寬廣的平穩性，根據上師的教言調和你的覺受，不斷求進，直到獲得確信爲止。

在座與座之間（座下期間），盡力闡釋因果的教導，並且以經部和續部的教文作爲輔助。要舉例說明，並重複述說成就大師的生平與其他故事，以便能激起信心與歡喜心。要教導那些可調整身體狀況的方法，以及行爲舉止的方式。

由於行止對於穩定禪修練習是極爲重要的，要在你感到輕鬆自在之時，延長禪修的時間。而當身體狀況並不自在時，例如頭疼、身體沉重、噁心、對禪修生厭、或者憤怒，此時要讓身、語、意保持自然，以放鬆愉快的方式重新提起精神。隨意走動，並以時間短而次數多的方式來做禪修。

精神爽朗之後，要在仍爲輕鬆自在時結束這一座。切勿在感到不舒適時，結束課修。切勿在神智不清或念頭繁多時結束禪修，而要在覺受清明且無念之時結束禪修。飲食應適合你的體質，並遵循正確的行止方式。如此行持，便不會對禪修練習產生厭倦。在禪修狀況良好時結束禪坐，可以使修行者稍後再次歡喜的入座禪修，並可確保你的相續中能持續發展種種功德。

如果有人在這禪修練習中發生錯誤，以下是第三個要點：由經驗中獲取的對治

① 「他們和我們」的黨派之想是指國民。

法，有如老練的醫師診斷疾病一般。陷入昏沉、掉舉、昏睡都是過失，所以，立即認出這些過失是極為重要之事。因此要清除昏沉，把自己從失念之中喚醒，在散亂時收回自己，並在掉舉時緩和呼吸。為何會有過失產生呢？過失來自於無法安住於止，攀執於努力，以及禪坐時間太長。

造成昏沉的四種原因有：活動、場合、食物、衣著。對治的方法有：憶念昏沉的缺點而認出它，並猛力集中專注。提起精神。用雙掌熱敷雙眼，並輕揉雙眼。重複將雙眼左右看，並凝神注視。挺起上半身，以便重新提神。用這些活動來恢復活力。坐在比較清涼的地方。打鈸、舞蹈、練習瑜伽動作等。如果過度強調這些，可能會有誤入不良習慣的危險，所以要用平衡的方式來提振精神，這是重要的。

昏睡就有如將一盞酥油髒汙且燈芯不淨的油燈，放在沒有空氣的地方一樣。由於昏睡難以對治，以下是擴展心意能量的教言：首先，將注意力放在雙腳底部，然後轉到雙膝，然後是肚臍，然後是心間，然後是喉嚨，然後是頭顱，最後到頭頂。逐步練習，直到你頭腦清晰為止。頭腦清晰之後，繼續練習，直到你的覺性擴展到遍佈一切虛空。另一個方法是，想像一切都是空的，並將注意力集中在心間中央一個碗豆大小的圓球上❶──那是風息與心的合一。觀想這個圓球變得愈來愈大，然後變成了你的上師。上師散發出來的光芒，使得你的身體與上師完全消融化光。之後，將你的注意力穩穩安定，不要留住在任何事物上；於此狀態中，這個光芒消逝，有如雲朵消融於天空中一般。另一個方法是，在這個狀態中保持完全清晰且透明，你的身，有如白絲綢的帳棚或是膨脹的氣球一般。

失念的狀態，來自於將心壓制在靜止之中，因此要觀想你在暴風雪之中，全身赤裸地坐在覆雪的山頭，並保持注意力於這個觀想上，毫不動搖。

另一個方法是，觀想你的四肢變成巨大的海洋，海上漂浮著一支弓，你自己則棲息在弓弦上。或者觀想你自己被吊在一條繩子上，這繩子則是懸掛在兩座巨大的山岳之間。

❶英文 sphere 有很多種意思，這裡指的應該是球狀的樣子，但要注意此並非實體；下段的拇指大小光球亦然。

散亂狀態之時，我們便應該收心。散亂的起因有四種：

- 太多的活動與工作。
- 蔑視的敵人。
- 眷戀的友人。
- 無特別焦點的自然散亂。

這些過失是因爲尙未信解見地的關係。以下是對治的方法：

不要壓抑這些心的狀態，因爲這樣無法使它們停下來，也不要追逐任何感官的印象。反之，觀想在你身體的四個方向，一手臂遠的距離外，各方向都有著拇指般大小的光球，每個光球都與你緊密相連，就像用帳棚的繩子拉著那樣。毫不動搖地專注在這個觀想上。

另一個方法是，毫不動搖地將專注力放在你正面之前，一肘大小的轉輪之軸心上。或者，就有如在搜尋心的軌跡那般，開始到處尋找你的心，內內外外，然後安住在無可覓得的狀態之中。

或者，專注在造成你分心的那個客體上。或者，當念頭突然間出現時，首先探查念頭從哪裡來，之後探查念頭在哪裡停留，最後探查念頭往何處去。接著，安住在無可覓得之中。

或者，你可以想像自己赤身裸體而輕浮在平靜無浪的海平面上，然後沉入海中。或者，你可以將專注力集中在某個被拋入於平靜水面上、半沉半浮的船隻的任何東西。或者，想像你手中握著一支火炬，從火炬迸發出熊熊火焰，充滿整個宇宙。在使用上述任何一種方法之後，要運用「三身看姿」的其中一種方法。

一般而言，掉舉是這些過失當中最輕微的，它有如一盞燃燒得很旺的酥油燈，被一陣風吹過而顫動的火焰。掉舉可以經由束縛下半身、同時修持下門的大樂，而使它穩定。

如果做過這些修持之後，你依然不能清明，這是業緣仍未成熟的徵兆，在這種情況下，你便要盡力累積資糧。

一直昏沉是曾經毀謗神聖對象的徵兆，因此應對著證悟的身、語、意表徵物，供養清淨法。生起虔敬心，做祈請，並供養讚頌文。

一開始神智清明，後又變得暗昧不清，是受到希望與恐懼的禪修心緒魔所障礙的徵兆，因此，供養豐盛的食子和薈供，並進行酬補與懺悔的儀軌。盡力修持能清淨三昧耶違犯的方法。

如果經由這些方法，你仍然無法掌握禪修狀態，那麼就將你的意識拋入你上方的寬廣虛空中。同樣的，你也可以將目標放在你下方的空間、半空、後方、前方、右邊、或左邊。有時候閉起眼睛，將目標放在你面前的東西上。

有時候走到高處的草地，凝視虛空，吹著尖銳的口哨聲，並練習讓意念穩固專注在所見、所聞、所嗅、所嚐、所觸的客體，或在對你友善或存有敵意的某人身形上。當你終於筋疲力竭時，將會體驗到有如晴空般的覺受。安住在那樣的狀態中，同時繼續做禪修的練習。

一般而言，身體主風的人不宜在多風的地方禪修，屬性主涎的人不宜在陰暗處禪

修，而患有膽功能失調症的人則應避免在太陽下禪修。❷

身體主風或患有因寒冷而引起的疾病者，應修習與明點和阿通（*atung*）相關的拙火要點②。有時候觀想火，以便淨除由風和寒引起的疾病。一旦產生煖熱之後，應將煖熱有如毯子一般散開，同時適度保持熱力。除了清除障礙之外，也不應讓煖熱過於極端。

身體主膽的人，應修持中空的形相③。身體主熱的人，應留在陰暗處，避免太溫暖的地方，且某種程度上要避免太過油膩豐盛❸或者會引發體熱的飲食。不要做任何會使你流汗的工作，並避開任何會對自心造成壓力的事物。

運用這些方法，以離於有害禪修練習的各種身、語、意活動，並做所有對禪修或

---

❷此為藏醫的看法，英文 with a predominance of wind, phlegm, bile 的意思，是由風、涎、膽為主控因素者。

②明點是頭頂的白種子字，而阿通（或稱「短阿」）是指拙火法門中內熱的小火焰。

③「中空的形相」是指本尊的非實質身形，如此觀想，能夠抵制將自己體性視為堅實物質身軀的信念。

❸英文 rich，可能比「油膩豐盛」的涵義還更廣，或許還包括味道或分量上的豐富、濃重、芳香，但在修行上應該如何運用，需請教自己的上師為準。

修持要點有助益的事情。

不論如何，以真正的禪修訓練來說，最不可或缺的就是要捨棄身、語、意的一切散亂。當身、語、意離於散亂時，三摩地就能自然發生，接著禪修的覺受將如烈焰而出，而你的相續之中將生起非凡的證量。若不捨棄身、語、意的散亂，將難以獲得真正的禪修狀態。

對於所知甚少但具有才智之人來說，在大部分情況下，禪修的狀態都會誤入歧途而變成臆測；但是聰慧且心性穩定的人，則將獲得與經典所述一致的禪修狀態。不論如何，要能將自己的相續與生起和圓滿的深奧佛法相融，這是來自多生多世的業緣，以及這一輩子的堅持不懈，它並不會發生在所有人的身上。

第四，在如此修習之後，具有進步徵兆的覺受，有如品嚐歡愉的年輕處女一般。首先，覺受有如從懸崖峭壁直落而下的瀑布，接著有如流過河床的流水，最後有如所有泡沫消失融入的寧靜海洋。最初它有如孩童騎馬，接著它有如專心致力於馬術的年輕人，最後它有如已經能完全操控馬匹，並且在任何地方，不論上山、下山皆可賽馬的老手。最初它有如隱藏在雲後的太陽，接著它有如雲朵之間的太陽，最後它有如無雲晴空中的太陽。最初它有如看見搶匪，接著它有如審察盜賊，最後它有如將盜賊監禁起來。

奢摩他的覺受，包括以下的感覺：

- 沒有身體；
- 身體穩固不動；
- 身體由上向下沉；
- 輕鬆而毫無疼痛；
- 有如在半空中飄浮，心肺完全敞開有如虛空；
- 身體是肉眼可見的空性，有如光暈的彩虹身；
- 沒有明顯的呼吸；
- 意識清澈而寧靜，光耀而明朗；

● 所有感知都逐漸消失，透明而開放，色如旭日，搖擺不定；
● 感到興奮激動而寧願不打斷禪坐；
● 在禪定中，所有形狀都變得模糊；
● 所有意念活動都停止，因此沒有感知；
● 意識明亮有如無雲晴空；
● 自然明澈，無有任何概念或攀執。

當這些出現時，不論是日間或夜間，都是奢摩他已臻圓滿的覺受。

奢摩他的緣由則有：

● 以清淨的戒律奠定基礎；
● 以生起次第穩固之，並以持誦來建立其力量；
● 此外，由於奢摩他的體性是無散亂的專注力，將情緒與念頭降服；
● 最後，透過完全的專注力而證得奢摩他。

換句話說，當所有顚倒想的概念都被靜止，不因念頭而分心，專心一致而不動搖時，你的心就保持在眞正的奢摩他之中。

這些方法能讓煩躁不安的心平靜下來，將調皮搗蛋的心監禁起來，有如用鐵鍊將野人或強盜綑綁，使其無法行動。同樣的，運用各種方法集中注意力，可防止念頭追逐感官對境，並培養穩定性。

簡言之，這些是眞實佛法的化身教言，能夠淨除心中繁多的念頭，並平息任何視現實爲固有的種種概念。

三昧耶。

穩定寂止的教言，就有如一個人在筋疲力竭之後正在休息一般。藉由前述所說的方法修持之後，確定奢摩他（止）開始展現爲毘婆奢那（觀）的覺受包含：

- 於從未生起的自性中保持不動；

●對於實相的眞實本質具有信心；

●所有感官和感知變得極其微細；

●全身無一處不歡喜輕鬆，有一種突然想要大笑的感覺；

●內心無時無刻都擁有眞正的歡喜；

●對於事物非眞實存在，且心不受任何事物所束縛，絲毫沒有懷疑。

此外也會感到離於對顯相的貪著，或者覺得有如盛年男子在荒野中射箭擊中標的。也可能有其他的覺受，例如：

●對佛法的修持從不感到厭煩，有如從未受親密老友背叛一般；

●六根自由而無所拘束，有如孩童或瘋子一般；

●沒有任何一絲會造成傷害的念頭，有如認出小偷一般；

●已經厭離了貪執和懶散，有如年輕少女品嚐歡愉一般；

●心不再攀緣於世俗的刺激，有如智者看見彩虹一般；

●或者，認出每個念頭都是非念，有如在黃金島上找不到平凡的石頭或塵土一般。

其他的徵兆有：

●念頭消融於法性之中，有如泡沫消融返入水中；
●渴望甚深的教言，有如母親長久未見到她的獨子；
●發現自己的心，有如身無分文的人找到財富一般；
●了解所有甚深教言，精確的有如年輕迦陵頻伽鳥的鳴聲一般④；
●對於未了悟（自心本性）的眾生湧現悲心，有如年輕男子看見美麗女子時會自然生起欲望一般；
●一切顯相看得見卻無實質，有如鏡中映像；
●一切有形的事物，例如泥土和石頭、岩石和山岳、花草和樹木，都有如閃閃發

④迦陵頻伽鳥（kalapinga）以極度清晰與美麗的聲音而聞名。

光的海市蜃樓般消融；

●看見其他人及所有其他有情眾生有如倒影，因此不再對任何人具有渴望；

●感覺有如無雲晴空、清淨之水、明淨之鏡、無垢染的水晶，完全明亮且無所攀執；

●感覺「勝者及其法嗣除此之外尚有何了悟？」且幾乎無法放下這個疑問；

●起座後仍然感覺身心自在；

●因為感覺「身心皆如此自在！」而產生信賴的氛圍；

●自心著迷於禪修的滋味，因此不再嚮往任何感官享樂；

●或者，感到深深滿足於眞實確信（certainty，了義）的自性。

簡而言之，你會經歷樂、明、無念這三種禪修的心境。

樂包括了身樂以及意樂兩種覺受。身樂，一開始是有攙雜情緒的樂，之後是無情緒攙雜的樂——此樂會遍佈全身各處，從頭到腳、從裡到外，一直到最後連任何一種接觸，不論冷熱或疼痛，都會感覺是全然的樂。如此，可能有無數種樂的覺受。意樂，是完全沒有意念上的不自在，有無數種不同的歡喜與愉悅。

明的覺受包括五種感官的明與意念的明。五種感官的明，覺受如下：

●（眼）看見十種徵兆⑤，表示已由內掌握自心；

●（眼）看見各種有情眾生與形狀；

●（耳）聽見大鼓的聲音，或者聽見並能了解最小的昆蟲和其他多種眾生的音聲；

●（鼻）聞到天人、龍族、夜叉等的氣味，並透過氣味感受到各種超越感官的覺受；

●（舌）品嚐凡俗的飲食時，嚐到各種味道，有如品嚐到無染甘露時的覺受；

●（身）感到觸受與其他感官一般，以相同的方式出現。

意明的覺受有：

●對於應捨棄的事物以及其相應的對治法，有大量的想法；

⑤十種徵兆是見到如煙、海市蜃樓、火焰、螢火、月光、日光、火光、紅白明點（red and white spheres）、彩虹，以及流星。

●對於智識、念頭的增衍，以及內外緣起互依之間的關聯，具有洞察（insight，勝觀）；

●明朗、清澈，且不再有深沉睡眠或意念昏沉的狀況；

●或者，有了解一切事物的感受，以及各種無數其他的洞察。

在一開始，經由注意力停留在所引導前往之處而覺受到無念，然後念頭逐漸平息，直到注意力保持靜止在所置之處。最後便會感覺到每一個念頭的形成都安靜下來。

在以勝觀攝入（樂、明、無念三種禪修心境）之後，樂的覺受爲洞察享樂的無實質性，並且因此不再渴求享樂；明的覺受爲了解因果，以及不再散亂與掉舉；無念的覺受爲證得毫不動搖的穩定力。

於獲得這些覺受之後，就來到第五點：保持具有穩定力的行止，有如將馬刺用於一匹強健的快馬一般。行止有五種：恆賢的行止（恆賢行）、秘密的行止（密行）、覺性律儀的行止（明行）、群體的行止（部行），以及完全勝利的行止（全勝行）。

首先，恆賢的行止是在面對顯相與感官對境時，時時刻刻皆以自然離於攀緣或貪執的方法，保持安住——在每天的行、住、坐、臥活動之中，不離開以上的種種覺受。這是有如即使烏雲密布亦不受到影響的天空，或者有如即使有倒影來來去去卻仍然保持不變的水或鏡子。有時候會因爲分心而突然與此覺受分開，但是有如認出你已經認識的人一般，你可以繼而保持在心的本然狀態而不受擾亂。如此，完全無須以對治來糾正任何念頭，每一個念頭都將完全沉寂或自然消融，有如雪花灑落在熱石上，或有如雨水滴落在湖面上。

當此發生時，你應該開始修持秘密行止，以便產生強化效果。這是指你應該到凶惡鬼神經常造訪之處，例如屍陀林、孤獨林下，或此類地方，帶著具格明妃作爲你的修伴，並且依照秘密指引手冊中所述，與明妃一起修習強化相對性流動精華（the relative, moving essences）之法。藉此，你將獲得極大的樂受，不論你將專注力集中在何處，它都會保持著，以致它能遍滿整個身體。此外，對顯相的覺受也將成爲樂，你會了悟顯相有如薄霧、彩虹或棉花堆。你的心中將生起超越感官的感知，且你將擁有施展神妙的能力。當此發生時，保持安住，完全離於希望與恐懼，無有對現實堅固的攀緣或讓過度的傲慢生起。

在這之後，你應該持守覺性律儀的行止，這或許是指脫掉全身的衣服，裸身抹上屍陀林的新鮮屍灰，穿上屍陀林的衣服及骨飾，一邊舞蹈、一邊敲打著達瑪如（手鼓），或者跑步穿越屍陀林、城鎮和其他地方，以便檢視先前的三摩地狀態是否根本不穩定。測試看看，被他人看見或不被他人看見，是否會有所影響。依照一時隨性的念頭行動，並如此保持你的覺受。

一旦你在該類行止中獲得穩定之後，接著要保持群體的行止，這是指要前往有大批人潮、大市集處的地方，或是到最低下層或社會棄兒的住處。唱歌、享樂、舞蹈，以徹底引發你的覺性力量，讓感官的感受升高，賤踏你的膽怯，發現你的弱點，暴露你的侷限之處，並斬斷你對堅固現實的攀執和束縛。此時，即使別人批評你或毆打你等等之類，所有的事情都將成爲助力，就有如幫助煽動火焰的風一般。

透過這些方法增上之後，便開始進入完全勝利的行止，這是指修習明澈的覺性以戰勝睡眠、轉化食物爲甘露以戰勝飲食，以及變化內在風息而成爲覺醒的風息，以能戰勝內在風息。如此，你取得對一切事物的全勝，超越對輪迴或涅槃的偏好。有如虛空超越濕或乾，你的心現在也已超越受益或受害，故而即使犯下必須在死時立即面臨重大果報的五種惡行（五無間罪），也能保持不受損傷。當你甚至連增上方便的十善業也不做⑥，當你的心甚至不落入約定俗成的理由中，且你已經擊毀包括名聲在內的世間八法時，如果一切皆覺受爲法身的遊戲，那麼你已經達到各類行止的目標。

這是勝觀的眞正基礎，或爲寂止的穩定階段。由於你的心已經離於攀緣與貪執，它最終斬斷了業、情緒與意念，而你證得了果——眞實智的力量。

以上是報身的教言，以能穩定自然現前三摩地的止靜狀態，此忠告可讓疲憊耗竭

---

⑥一般而言，十善業即是避免十惡業——殺生、偷盜、邪淫、妄語、毀謗、惡口、綺語、貪愛、瞋惡，以及癡邪，特別是要反其道而行，例如放生、佈施等等。

者恢復活力，讓相信且攀執於堅固現實的念頭活動消融，並於本覺之中毫不動搖或分心，而使本覺清晰。

三昧耶。ཿ

接著是圓滿穩定性的教言，有如旅人返鄉，這是指果要在上述了悟中獲得穩定。意思是由於努力修習的結果，法身由先前所述的無念狀態轉化而顯現，有五種圓滿的層面：

- 圓滿地處，是普賢王佛母廣大的蓮宮（婆伽），即含攝一切的法界廣空，無止盡且如大海。
- 圓滿導師，是本自即有的普賢王如來，大樂的吉祥法身。
- 圓滿眷屬，是自明的本覺。
- 圓滿教法，是超越概念所緣、廣闊且遍在的悲心。

●圓滿時間，是超越各種概念特徵的時刻。

以上是自利的圓滿果。

修習前述樂的狀態的覺受，使得報身由此轉化而顯現，具有五種等同：

●等同的地處，是色究竟天的密嚴剎土。

●等同的導師，是出世間、自在勝者、吉祥毗盧遮那佛或赫魯迦（飲血尊），有無數大人相與隨形好爲莊嚴的報身。

●等同的眷屬，包含持明者與登地的菩薩。

●等同的教法，是唯大乘教法專屬。

●等同的時間，是本初劫，殊勝時。

修習前述明的狀態的覺受，使得化身由此轉化而顯現⑦，具有這五種不同：

⑦原稿中包含此註解：「例如六道的能仁者。」

●不同的地處，包含無數的宇宙系統（大千世界）。

●不同的導師，依需要攝受的眾生而以不同形式展現。

●不同的眷屬，爲六道的有情眾生。

●不同的教法，爲透過不同乘門管道而顯現的佛法教導。

所有這一切是利他的圓滿果。

這三身是否爲分開的呢？實際上，三身在心的初始、無作意狀態中，也就是自性身（*svabhavikakaya*）中，是無二無別的。

三身如何從這一個自性身中顯現？在從兩種遮障中覺醒並離於這兩種遮障時，離於各種造作的法身就顯現了。菩薩仍然有認知上的染污，因此他們的感知尚無法超越以三十二相、八十種好爲莊嚴的報身。有特定興趣的有情眾生，仍然有情緒上的染污，因此其感知尚無法超越化身，而化身只不過是符合眾生個別心靈狀態的倒影而已。

這兩種色相身，對於那些仍陷輪迴之中的眾生而言，或許是現起的，但依然不受輪迴的塵垢所染。法身住於大寂靜之境，但不受涅槃的限制所染，因此稱爲大樂身（*mahasukhakaya*）。

於了證之後，三世諸佛的心意境界，三界有情眾生的心，以及瑜伽士的勝觀，在這個了證之界中，全部爲一。有如旅人返家之後，已經不再有是否已抵達家鄉的想法，也不再有可能發生危險的恐懼。同樣的，如今你已經不再有對輪迴的恐懼或對涅槃的希望。

這是關於心性的法身教言，心性於本質上離於概念特徵，且超越各種概念造作。

三昧耶。

如此，你應該在修持日課時結合所有譬喻的意義。

這些教法是爲了後世所有弟子眾的利益，而授予當今的國王與子嗣，願具有業緣福報的虔信者能夠值遇這些教言。

三昧耶。༔封印，封印，封印。༔

隱藏的封印。༔

託付的封印。༔

寶藏的封印。༔

達停。༔噫啼。༔（DHATHIM. ITHI.）

7
禪修教言之殊勝金鬘

南無　咕如（頂禮上師）。

聖號爲蓮花生的大師，他的身如太陽般不變，他的語如溪流般不止，他的意如天空般無遮，他的功德如河川般超越增減，他的事業如風一般無有阻礙，他的證量等同諸佛，並且他因應六道眾生而教導佛法。

卡千公主措嘉佛母承侍這位在瞻部洲名聲如日中天的化身佛。當蓮師駐錫在晶珠松嶺時，措嘉佛母以身、語、意令上師歡喜，接著請求上師：「大師，虔敬之人若欲禪修，其前行爲何？」

大師回答：「禪修的前行爲積聚資糧，領受口授指導，切斷貪欲的束縛，並且準備必需的用品。將居處打掃乾淨，環境應清爽宜人且大小適中。如此做完之後，生起大悲的菩提心，並決心安立一切有情眾生於佛果。在住處中，擺放一個由乾淨棉花、羊毛等塡充的坐墊，將體內的廢物如糞屎、尿液等排除乾淨，從喉嚨和鼻孔排出痰液。之後，雙腿交叉而坐，雙手結持定印，身體挺直，頭部既不低下也不彎曲，雙眼順著鼻子的方向低垂，齒唇如平常的狀態。簡言之，三門保持自然狀態來練習禪修。」

措嘉佛母向上師問道：「禪修時應如何持心？」

上師回答：「禪修時身心放鬆。由於沒有可分析的事物，分別心的續流以及隨之而起的心意狀態便都中斷了。你無須刻意停止這些，而是放下所有的意念活動，什麼都不保留也不排斥。什麼也不思惟，什麼也不想像。你的自性是有覺知的，就保持它原來的樣子，不迎向任何事物，處於你的本然狀態中。

如此保持著，不要把能知者與所知對境視爲分開的，因此不要想著對境在那裡、或者所知者在這裡，也不要構想在這兩者之外還有其他事物。由於你既不向彼處〔外〕追逐對境，也不試圖在此處〔內〕停止念頭，你便能讓心保持清淨、明澈、覺醒，無須停留在任何事物上。

會阻礙禪修的過失，有掉舉、昏沉，以及根深柢固的信念。掉舉是指心向外尋求對境的行爲，調整的方法是放鬆身心，同時保持收攝專注。一再地安住下來。如果你仍然追逐不同的念頭，便不斷反覆將你的注意力轉向那躁動不安的心。

如果你無法做到這些，念頭仍不斷向外發展，便探究這有如空中雲朵的向外動作——它從哪裡而來，要往哪裡移動，會在哪裡停留？如此探究，並讓從心中生起的來去念頭再次自行消退。由於這些念頭的來去是空的，因此無須嚴格限制或刻意迴避它們。這是消融掉舉和念頭來去的教言。

暗昧有如身處暗室或閉上雙眼，對治的方法是運用修法、思惟之類的活動使你重振精神。如果要藉助三摩地而重振精神，便觀想你自己有如虛空，觀想你的脊椎有如層層疊起的車輪，想像你的心有如天空。如果要藉助教言而恢復精神，在禪修的同時觀察一個感官對境，或者就讓各種感官保持寬廣開放。這是消除昏沉的教言。

昏沉是當心變得模模糊糊或者心不在焉，有如受到邪靈干擾。發生這種情形時，要把修持擺在一旁，於一小段時間後再重新回到禪修。這是消除失念的教言。

根深柢固的信念有三種過失。既然修習法性照道理是要讓人熟捻於不專定或不固著於任何事物上，因此如果你抱持死板的信念，便是一種過失，更遑論抱持所有互相對立的概念，例如『它是如此如此』與『它不是如此如此』、永恆與空無、爲拒斥而取某物作對治，或諸如此類。就算心中懷有任何一絲這類的想法或信念：『所有這些事物都是不眞實的顯現！』『所有的事物都是不可思議的，因此我應該於心中進行不持守它們的禪修！』也是過失。這是清除僵化信念的教言。」

措嘉佛母向上師問道：「禪修會生起哪一類了證的覺受？」

上師回答：「由於輪迴沒有任何實質，在修習的時候，所有各種不同的標籤——例如事物的『顯現』或『消失』，或者事物『無生無滅』等等，都只是暫時用來指出那個事實的標籤而已。

因此當你如此修習時，你會領悟到這些實質的事物沒有任何可以證實的體性。而且，由於輪迴無有實質，因此無可捨棄，而涅槃也不可得。你也會領悟到這兩者只是標籤或假名，而且根據了義，輪迴與涅槃根本沒有任何現象是眞實的。你在實相中了悟這點，超越觀念的範疇，不僅僅是文字上這麼說而已，而是從你內心深處決然地領悟。

然而有些未能領悟的人，用『這些事物從來沒有生起過！』的一句話，抱著『所有這一切都是空性！』的想法而修習，這麼做就稱爲只是個禪修心境①。心中若是抱持著這種想法，將無法獲得確信。

在了悟事物爲如此之後，不要將注意力放在事物處於特定形式的想法上。事物可以用凡俗的方式去體驗，但是你一點也找不到可看見或執持爲焦點的具體或有形的心。由於無法體證其自性的印跡（impression），也沒有能知者可感知的任何事物，甚至不會產生『它的自性是如此如此』的念頭。儘管如此，你仍然尚未捨棄顚倒念想的習氣。

這個時候，看所有事物時是如其各自的特色，雖然它們有如你眼前平滑水面所顯的顏色一樣，短暫易逝且無有實質。除此之外，不會涉及『是這個』或『是那個』的概念，而你看見這個了知心的體性如天空般的清晰且明白可見。

這時你會失去自己，感覺有如你就是天空本身。或者，你可能因爲看見能知者與所知者爲分離，而感到恐懼或緊張，不想要再保持在這樣的狀態。看見自己只是名與色②，你不再接受自己是個眞實有情眾生的想法。從這個狀態中起坐後，當你在從事日常活動短暫探究事物時，你只會經驗到『所見皆非實有事物』的鮮明狀態。你走路時不覺得眞正在走路，吃東西時也沒有吃東西的感覺。

此時，當你探究事物時，你了悟到沒有要接受或拒絕的事物，了悟『事物和我不過是欺瞞的幻相』。由於你看萬事萬物有如虛空，你看自己不是自己，看他人不是他人。當你閉上眼睛讓心向內時，一切客體變得有點模糊，念頭之流中斷，且沒有顯相，所以心的明澈獲得如虛空的功德。你不覺得自己有身體，也注意不到有呼吸的進出。這時候的心理狀態就像黎明時轉向天空的一面鏡子那般，如如不動的明亮。它保持完全的明澈，沒有任何焦點或概念，但對自身又同時是清晰明顯的。由白天到黑夜都持續而沒有改變。有時候，了知的續流會逐漸變得更加堅固，但接著堅實感再度輕緩消失。

①在禪修狀態下短暫體驗到的樂、明、無念的心境。

②「名與色」一詞指五蘊——第一是色，其餘四個（受、想、行、識）為名，此處將其視為沒有主人（擁有者）。

若要於此有所進展，便不要攀執於明澈或自在，不要專注在任何事物上，而且不要攀執任何事物——只要單純地讓這個狀態保持自覺。當你試著從這個狀態中出來時，感覺並不像你已經離開，而即使你眞的短暫地離開，你又會緩緩地返回這狀態。

由於在禪坐時已經信解事物的眞相，當你維持入定的時候，所知的事物將以平常的方式顯現。你既不攀緣於它們，也不專注於它們。如果你可以保持如此，乃至於將對證悟的渴求視如幻影，並對輪迴不抱有恐懼，那麼這就稱爲無動搖的觀見事物。

若要生起此狀態，即使是對境與思考者的微細形式都必須拋棄，這包括『它是如此如此』的概念。換言之，首先不要壓抑任何事情，接著不要執取它的現前，最後不要追逐它。反之，讓它從你生起，然後消退於你。這種隨你所欲而長久保任的能力，就稱爲調和之心或無有作爲或奮力③。

如此入定時，你可以在出定之後或是處在定中時，探究自己所覺受的事物。但是你會發現，不需要修正任何洞見，也不需要刻意試著去審查任何特定的所知客體（對境）。每一個念頭，不論何類，都有如法性般明澈現前。每一個情緒，不論何類，都生起爲法性。每一個疼痛，不論何類，都不造成傷害。每一個喜悅，不論何類，都不帶來利益。你無須改進注意力，因爲它保持自由開放。即使你不在做禪修，也不離開法性。由於沒有比此更爲無上者，你感到毫無懷疑。由於你未見到禪修的對境，你也無須在意念上做努力。由於你的專注力已成爲法性本身，其保任超越起落湧退，這個平等性即是法身的了證。當你如此獲得相續的穩定時——而非凡俗的有形狀態——就稱作無念覺性的本然覺受。」

措嘉佛母向上師問道：「正確的禪修練習，其徵兆有哪些？」

上師回答：「當你長時間以上述方法練習禪修之後，會出現內、外的徵兆。內的徵兆有：

③於《上師意集》中則加上：「……亦稱自然無作之心的本質或見到完全且明澈的覺性。」

●入定時不會注意到呼吸的進出；
●不會感覺到有身體；
●不會感覺到冷熱或甚至劇痛；
●並感覺到無所依緣的自然歡喜。

此時，對任何特定感官對境的攀緣都會降低，對『它是如此如此』的固著會減少，對各方面的膽怯也會減少。自私、好惡、擔憂、世間八法，以及其他種類的想法都變少且較不明顯。在這些徵兆顯現之前，你必須盡一切所能去做，直到符合這些徵兆。你也可能會出現一些較小的神通力，他心通等諸如此類者。這些都是內的徵兆。外的徵兆有：

●看見自身於內發光，或在半空中看見各種光、色彩或形狀；
●看見諸佛和其他聖者的身形；
●聽見他們的聲音以及看見他們向你表示敬意的姿態；

● 或他們向你講法、授記等。

對這些現象產生攀緣心，並相信它們是持久眞實的，將產生被魔羅④干擾的過失。當你既不攀執也不相信這些現象的時候，它們便表明了善的功德。」

措嘉佛母向上師問道：「出定之後，應該從事哪些日常活動？」

上師回答：「從上述禪定狀態起坐之後，有兩種修練的方法。首先是依慧觀而修，即相信你所經驗的一切——你，你自己，以及內外事物——都是如夢的幻相顯現。在四種日常活動中保持如此的相信，不論你參與什麼或享用什麼。不論身體的

④魔羅是一種惡魔或邪惡的影響力，會造成修行及證悟的阻礙。在神話中，魔羅是居住在欲界最高處的大力天神，是曾試圖在菩提迦耶阻擋佛陀獲得證悟的幻術大師。對佛法的修行者而言，魔羅象徵著一己的我執，以及對世間八法的全然投入。一般來說，有四種修持佛法方面的魔羅或阻礙：染污（煩惱）魔、死主魔、五蘊魔、天子誘惑魔。

感受為何，修練的方法為既不壓抑感受，也不執持於心中。在身、語、意的所有活動中，不論任何活動，都練習不要執持任何聚焦。

依方便而修是對如幻的有情眾生修練如幻的悲心，且只要不妨礙你的禪修狀態，便可做各種事業去幫助他們。做廣大的發願，例如〈普賢行願文〉⑤。分別善惡，並做各種善行。

在任何時刻，如果你做善行時執持善行是眞實的想法，就不屬於上乘，也不是平等捨的狀態。因此，了悟你和所有事物都是幻相。你應該盡力集資淨障，直到你證得對平等捨的確信，亦即對於要積聚的資糧或要淨除的障礙都不執為實有。在禪定的狀態中，離於取捨，保持離於因惡行而落入輪迴的害怕，並且離於因善行而獲得涅槃的冀望。

即使你已經證得對平等捨的確信，並且能夠離於取捨而行事，你應在不執持有概念性的專注之下敬持誓戒的德行，以便幫助他人避免有害的行為並依止於善德。一般而言，不要論斷耽溺或戒除是善或惡。落入取捨或執其為實，就是阻撓平等捨的障礙，就像白雲和烏雲都會遮蔽太陽一般。但更爲如此的是，證得對平等捨的確信之後，如果專注在戒律的持守或違犯上，就是妨礙了解眞如的過失。

不要被任何有關成敗、名利的情緒念頭擊敗，而且不要一直想著它們。捨棄你個人的缺點，例如胡扯的愚論、分心的活動，以及心不在焉。訓練自己在所有身、語、意的活動上都全然柔和。不要思惟他人的過失，反之，要思惟他們好的一面。

如果你變得自誇自傲，自負地想：『我有特殊的功德，我已經證悟法性』，這表示你尚未證得法性，所以要捨棄這種念頭。簡言之，由於有念是輪迴，無念是涅槃，當瑜伽士停留在散亂分歧之中時，就稱爲輪迴；而即使只有一刻保持在無緣禪定時，那時候就稱爲涅槃。」

⑤〈普賢行願文〉（*Arya Bhadracharya Pranidhana Raja*，聖賢行大願王）是在《華嚴經》最末的著名祈願文。

措嘉佛母向上師問道：「如此修持之後，如何覺醒而證悟？」

上師回答：「當你已修習法性的無念自性時，念頭——輪迴的起因——逐漸變弱且更加安靜，而無念的覺性則自然現前。這個覺性是安詳寧靜的，所覺受的領域極為清淨，且〔佛之〕三身以及其他證悟的功德將自然顯現，有如由太陽放射而出的光芒。

一旦精熟於這樣的自性之後，也許你的身體留在人間，但你的心卻住於佛地。如此修持之後，無疑地，你將在中陰階段證得佛果。換句話說，在你如天空般的個人覺受——完全無生的法身——之中，在他人的眼中，如日般的報身與化身將會利益有情眾生，有如太陽的光耀。」

措嘉佛母向上師問道：「中等根器的人應要如何練習禪修？」

上師回答：「在信解一切事物都是自己的心時，中等根器的人應該專注於念頭無可執取的無止盡法性狀態，並在那樣的狀態中禪修。這麼做，就無須避免修習或思惟，因爲了悟是必然的。

換言之，看見一切事物皆是心，此外無它。在任何心的狀態中都看見心——無有分離。即使在刻意禪修時，也會看見法性。由於了知念頭的來去是心的自性，無論法性以念頭的形式如何顯現，心的自性是自證（self-evident，不證自明）的。相信心爲它物的想法不會形成。不論自己的心如何安住，且不論所見爲何，心的自性是不證自明且不會滅止的。即使在不修習時，心也是顯而易見的，且甚至無須修練便可以完全掌握。

當安住在此一自性中時，不論可能發生的對境細節爲何，它既不會造成傷害，也不會造成分心。因爲沒有生起概念心，對各種特徵的感知，其本身即是心之自性的證明。如此，一切現象都揭示著心，並且與那不會滅止的狀態從未分離。因此，無須任何努力，無所做即得到解脫。無論客塵如何顯現，皆了知是心，而且即使產生任何概念或意念，了證在任何時刻都不離開法性。

如此，當所有現象都被了知爲心，且不會不知不覺地落入有念的狀態時，那就是本覺。對於已經證得此實相的瑜伽士，他看見每一個感官覺受都是法性，因此一切感知都是修練的形式。所以，一切現象都無別於心，且沒有其他念想生起。由於不生起，所以客體與概念都是法性。

透過這個了悟，對萬事萬物的體驗皆是心。由於這個心是無形的，因此不將念頭與概念視爲過失，且於念頭當中禪修。在如此狀況中，不論正在做什麼或感受爲何，每一個體驗無非都是更深入的禪修。這指出了『見修一斷』（the single cut of view and meditation training）的主要原則。」

措嘉佛母向上師問道：「如何辨認出法性、本覺？」

上師回答：「認出本覺的口訣，是有如老練的醫師藉由病人的行爲舉止、脈象或尿液來診斷病情。同樣的，瑜伽士應該運用三件事情來認出周遍如虛空的本覺：佛陀的話語、上師的教導，以及自己的覺受。

本覺的全然當下，就有如太陽光照射到鏡面上。同樣的，瑜伽士應該保持在本覺的完全當下，離於任何清澈的影像。

對於六聚⑥本然狀態的關鍵教言，是有如被疾病侵襲的病人，已沒有害羞或困窘的概念。同樣的，瑜伽士應保持對一切所知對境皆不形成任何概念。

與本覺的直接邂逅，有如神奇的療癒師將所觸摸的每一件事物當作治病的媒介。同樣的，取得見地的甘露之後，瑜伽士應該運用一切事物當作本覺的媒介。

讓心靜下來的口訣教言是有如被放入盆中而無法移動的烏龜。同樣的，當瑜伽士運用上師的指導而掌握自心之後，他的心也無法移動。所有的這些口訣教言，都是指認法性、本覺的方法。」

⑥六聚，意指感知到五種感官的對境，外加上意念的對境。

措嘉佛母向上師問道：「安頓這個本有覺性的方法是什麼呢？」

上師回答：「有三種安頓自心的方法。如高空翱翔的大鵬金翅鳥般安頓，是指金翅鳥在雙翅疲累時便在高空中翱翔。遨翔時，牠無須費力，也無須達成任何目的。翱翔時，牠同時清楚看見下方的大地。翱翔時，牠同時擁有在牠之下所有人的能力。翱翔時，牠用的是破殼而出時隨即已完全發展的飛翔力。同樣的，當瑜伽士安住於禪定中時，應該將疲累的心安頓放下，不做任何努力，同時看見上乘的原則，同時保有下乘的能力，且即使身在輪迴中，仍然擁有覺醒的境界。

如燕子歸巢般安頓，是指做的時候完全沒有進一步的刻意思惟。瑜伽士應該在安頓自心時，同樣完全沒有其他進一步的刻意念頭。

如捨棄一切事務之人般安頓，是指不論心的狀態為何，都不去調整或修改它。同樣的，不論心的狀態為何，瑜伽士都不應該去調整、修改或以其他方法染污它。」

措嘉佛母向上師問道：「有多少方法可以守護覺醒的心？」

上師回答：「有三種守護的方法。守護它有如守護一匹野馬，應該毫不散亂地調伏牠。同樣的，瑜伽士應保持不散亂，不離開見地的自性。

守護它有如守護珍寶寶藏，除非你努力保護它，否則易遭盜賊竊取。同樣的，瑜伽士爲了不讓三摩地逸失，應保持不受昏沉與掉舉的損傷。

守護它有如國王守護皇后，如此人們無法傷害皇后，因爲他們已經都成爲皇后的子民。同樣的，瑜伽士應保持不受念頭傷害，因爲他已經了悟一切現象都是心。」

措嘉佛母向上師問道：「有多少方法可以令覺醒心增上？」

上師答道：「有三種方法能令覺醒心增上。增上覺醒心有如空屋中的竊賊——竊賊離開空屋，因爲無物可偷。同樣的，當粗重或微細的念頭生起時，瑜伽士應該觀看它們，然後只是安住。

增上覺醒心有如空中雲朵。天空中形成的雲會自行消失。同樣的，應該留待念頭自行消退。

增上覺醒心有如用咒語解毒。知道解毒咒語的人能夠不受那個毒的傷害。同樣的，擁有口訣的瑜伽士以見地攝持一切事物時，能夠體驗一切皆爲本覺。」

措嘉佛母向上師問道：「法性的三種進展度量爲何？」

上師回答道：「據教導有以下三種進展度量：

●明的標準是有如不被風所吹動的油燈。

●不動的標準是有如深海中的水。

●輕安柔順的標準則是有如棉絮。」

措嘉佛母向上師問道：「增上的三種徵兆是什麼？」

上師答道：「有這三項：

●增上的外徵兆，是你不會注意到你有軀體。

●內徵兆，是不會生起負面情緒。

●密徵兆，是注意力不轉向任何對境。」

措嘉佛母向上師問道：「如何證得佛果？」

上師答道：「體性即為三身與四智⑦的瑜伽士，在他脫離身軀的束縛時，當下得證。」

⑦相對於這裡提到的四智，《上師意集》版提出三身與五智，分別是法界體性智、大圓鏡智、平等性智、妙觀察智，以及成所作智。在成所作智尚未完全顯現之前，可能只有四智，正如法性中陰第一階段的情形。

措嘉佛母向上師問道：「最上等根器的人，要如何信解見地？」

上師答道：「藉由空廣無二心的九種譬喻，來信解本覺的見地：

●一切現象皆是空廣之心，有如滿願寶般無偏頗。

●心是非能形成的虛空廣袤，有如金剛般不變。

●這個心是超越概念屬性的空廣，無法覺察的體性，有如看著濃密的黑暗。

●心是含攝一切的虛空廣袤，浩瀚如天。

●除了這個空廣之心外無它，有如大湖中的倒影，所經驗的一切與這個心沒有不同。

●這個心是原本覺醒的虛空廣袤，有如國王自己的子嗣，無庸置疑。

●這個心是可以開展一切可能覺受的虛空廣袤，有如藍寶石（*indranila* gemstone），可以用種種方法去感知。

●心是不變的虛空廣袤，有如純金，因爲不論心的狀態是什麼，心的自性都不會轉變。

●第九種虛空廣袤是萬事萬物皆包含在心中。

瑜伽士要如此信解。」

措嘉佛母向上師問道：「瑜伽士的行止，要用什麼來決定？」

上師答道：「瑜伽士以這些無貪執的善巧受用爲譬喻，來決定行止：

● 有如善巧受用平靜湖面上的倒影。
● 有如善巧受用晴空中的星辰。
● 有如善巧受用覺醒心中的一切顯、有。

如此，當以見地攝受時，享用五種感官歡愉，便不會有害。」

措嘉佛母向上師問道：「瑜伽士如何入定？」

上師回答：「瑜伽士應以這三種無盡廣大的無礙境界入定：

●無礙的空闊境界，亦即感受的無盡廣空。

●離於攀緣的無貪境界，亦即法性從未生起的無盡廣空。

●無對境的境界，亦即從未離開自明覺性的無盡廣空。

這三者都是指，在了解無有造作的同時而入定。」

措嘉佛母向上師問道：「瑜伽士如何獲得對果的信心？」

上師回答：「在此我將用譬喻的方法教導：覺受到所生起的一切皆爲心的自性，而不應在此之外去尋求佛果。一切現象有如廣大湖面所現的倒影，或者有如天空中出現的星辰，它們不在他處顯現，而是顯現在湖中或天空。同樣的，被體驗爲果的，是你自明自知的心性。它由你而顯現，並且本始的顯現即被體驗爲你自己的展現。因此，佛果的體驗就是你、你自己。」

措嘉佛母向上師問道：「要用什麼來斬斷念頭的根源？」

上師回答：「在此，我將教導如何藉由三種超越增上的增上方法，讓念頭自然消融：

● 感受無須增上，因爲能清晰感受到感官對境（客塵）。

● 法性無須增上，因爲法性是無生的。

● 念頭無須增上，因爲你清楚了知念頭即是本覺。

爲何如此？因爲心外無它，應該了解，一切都是本覺。既然清楚看見念頭是法性，念頭便如此自然消融。」

措嘉佛母向上師問道：「哪個重點說明了無須排拒所經驗的對境？」

上師回答：「在此，我將引用經典裡關於自解脫心的六種譬喻來教導，說明因爲清楚觀見一切，所以無須排拒任何事物：

●受用對境之時無須排斥感受，因爲清楚看見它們是法性，有如珍貴的黃金島。

●無須排斥念頭，因爲清楚看見它們是本覺，有如添柴入於火中。

●在法性中，無須排斥任何物質，因爲它們是無可排拒而解脫，有如大鵬金翅鳥破殼而出時已經擁有完整發育的雙翅。

●在禪定之中沒有什麼是要安頓的，因爲禪定與出定是不可分的，有如在半空中盤旋的鳥兒。

●沒有要排拒的負面情緒，也沒有要清淨的遮障，因爲萬法爲心，無有例外，有如在太陽的軌道上沒有要清除的黑暗。

●無須將心與對境一分爲二，因爲清楚看見它們不是二元，正有如虛空（空間）無法被分割一般。

換言之，這是覺受無須壓抑的六種層面，因爲無壓抑地清楚看見法性，而且即使試圖壓抑也無法做到。」

措嘉佛母向上師問道：「哪個重點能說明心與法性是不可分別的？」

上師回答：「不可分別的六種譬喻，表達了心與法性的不可分別：

- 水與濕是不可分的。
- 火與熱是不可分的。
- 海螺與海螺的白色是不可分的。
- 刺繡與刺繡的圖案是不可分的。
- 黃金島與島上的黃金是不可分的。
- 輪迴與涅槃是不可分的。

同樣的，在單一的界中，一切事物與一切有情眾生是不可分的。在（being）與不在（non-being）是不可分的，但清楚地看見其爲心，因此是眞實的本始覺性。此外，物即是心，心即是物，因此無二無別、沒有差異。」

措嘉佛母向上師問道：「哪些譬喻能說明一切顯、有是由一己而生的？」

上師回答：「相同的六個譬喻，也可應用在無有先後（的道理）上，說明一切顯、有都是本覺。前面提到的六個簡單譬喻，指出了不可分別和無有先後。如此，法性與一切顯現及存有的事物（萬法）之間，並無先後次序，因爲它們都是大本覺，是自明自知且由一己所生⑧。」

措嘉佛母向上師問道：「在瑜伽士的心中，用什麼能淨除八種障礙與道上的狹隘關口？」

上師答道：「瑜伽士心中這八種道上的障礙關隘應這樣清除：

●以證量清除，因爲瑜伽士清除二元感知的關隘之後，即安住於超越二元的見地堡壘之中。

●清除念頭的關隘之後，瑜伽士安住於無念的堡壘中。

●清除觀點的關隘之後，瑜伽士安住於超越觀看的堡壘中。

●清除取捨的關隘之後，瑜伽士安住於無所拒斥的堡壘中。

●清除能知者與所知物的關隘之後，瑜伽士安住於超越能知所知的堡壘中。

●清除希求和恐懼的關隘之後，瑜伽士安住於在自身中清楚見到覺醒心的堡壘中。

●清除攀緣的關隘之後，瑜伽士安住於超越有事物可執持的堡壘中。

●清除努力與成就的關隘之後，瑜伽士安住於任運圓滿的堡壘中。

---

⑧另外，《上師意集》中說道：「……因為它們全都被體驗為本自即有的大本覺。」

因此，安住於這八個堡壘中，一切萬法皆聚集於覺醒心中，如此不迎不拒地清除每一種關隘。由於瑜伽士清楚看見萬法爲心，希求與恐懼的狹隘便得以移除，空闊開放的場域便得以達到。」

措嘉佛母向上師問道：「如何分辨可靠的覺受？」

上師答道：「如果可以用三種衡量的方法驗證，該覺受便可當成是可靠的。當你了解前述的重點時，證得的方式是對聖言、口訣、你自己才智的覺受產生信任。

此外，當內在獲得如此深切的信任之後，在繼續修習時，覺受將變得清晰——你的身感到輕盈，你的心變得明澈，你可以看見被隱藏的，念頭變得很少等等。沒有欺騙、希望或恐懼而繼續下去，即使在進步的徵兆自然現起時，你也將不再沉浸於自得意滿之中。」

措嘉佛母向上師問道：「如何滅除歧路與極端的信念？」

上師回答：「不應該追隨這八種和九種信念⑨之徑。不要抱持常見、斷見等邊見而追隨九乘或六道眾生之徑。練習禪修時，瑜伽士不應該將對境與心看成是分開的，不應該壓抑緣起現象，不應該修空性，或修任何二元對立，或諸如此類。

不應該將九種漸乘中的任何一乘當成固定的立場。六道眾生不是轉化後的感知，而是凡俗的景況。常、斷的邊見是顛倒的信念。當瑜伽士避免追隨這些信念，並且離於偏頗與偏見時，則瑜伽士就只是法性。」

措嘉佛母向上師問道：「能自然地離於執著的要點是什麼？」

上師回答：「這個要點爲顯相是自行展現的，並且經由無執著而自然消融。顯相

⑨八種信念是六道眾生的信念加上常見與斷見這兩種邊見。九種是對九乘見地在知識上的理解之信念。

的出現，是你覺醒心的展現。由於如此，當你產生執著與攀緣時，要看見你的執著是沒有眞實對境的。讓念頭綻放，執著將會自然消褪。顯相是自行展現的，它們的空性是本然的空性，而任何執著都將有如空氣般淨除。」

措嘉佛母向上師問道：「是什麼界定了九乘之間的差異？」

上師回答：「九乘之間的差異，以是否有以下信念來界定：

● 聲聞的主張，相信雖然客塵與心是不同的，但客塵是由原子（微塵）組合而成，而原子是由實際物質所組成。
● 獨覺相信，雖然外境是幻相，這些幻相是因緣相依，因此不眞實，但感知幻相的心，則是眞實的。
● 中觀的立場，認爲因緣相依的現象是空性，而空性則沒有任何的概念作意。⑩

●在密咒乘三外續的第一部續中，了證的獲得是經由相信：在究竟上，萬法皆空，而在相對上，一切都是清淨的三部諸佛（如來部、金剛部、蓮花部）。

●在第二部續中，是透過如較高的見地以及較低的行止而了悟，所應用的修持則立基於兩者之上⑪。

●在最後一部續中，經由接受及拒絕四手印⑫和三摩地而證得本尊身。

●在密咒乘的三內續中，瑪哈瑜伽主張在究竟上萬法無生，而相對上爲幻相的見解，這是所謂的四平等與三清淨⑬。

●阿努瑜伽認爲，因是清淨虛空的自性，果是智慧壇城，而大樂之子是當覺性了

⑩《上師意集》版加上：「經部的追隨者同意在勝義諦上，萬法皆空，而在世俗諦上，萬法有如幻相。」

⑪密咒乘的三外續是事續、行續、瑜伽續。行續本身沒有見地，因此它運用「較高的見地」，也就是瑜伽續的見地，以及運用「較低的行止」，也就是事續的行止。

⑫四手印或四印，是為法印、三昧耶印、大印、業印，指的是續部修持的四種面向，可以用各種不同層次來理解。

⑬瑪哈瑜伽的主要見地是，一切現象、即整個情器世界的大清淨與大平等。三清淨可以指五蘊、大種、感官基礎，或者景象、音聲、了知，自性都是清淨與神聖的。四平等是指一切現象都是空性，顯相與空性無二，超越概念構想，且因本性相同而平等。

悟到這個如男女本尊壇城般圓滿的基本虛空，此外，不用生起即圓滿修證。

●到阿努瑜伽為止，且包括阿努瑜伽在內的所有乘門，都有抱持的立場且有所執著，唯獨阿底瑜伽既沒有立場、也沒有執著。

●阿底瑜伽既沒有立場、也沒有執著的意思是什麼呢？它的意思是，既然從一開始就清楚看見覺醒的境界，因此不認為其由造作而生。由於不執著任何概念性的事物，所以它沒有執著。

除非能分辨乘門之間的這些不同處，否則無法看出乘門的高低層次。所以這是你應該分別九乘的方法。」

以下是蓮花生大士為了那些意門由吉祥馬頭明王所保護的最利根器者，而口授的極秘密教言：

●如何藉由空廣心的九種譬喻，將要點全部集聚以信解見地；

●如何以無貪善巧受用而決定行止；

●如何以無盡廣袤的三無礙境界入定；

●如何以譬喻教導，除了將生起的一切體驗為心的自性以外，不應向他處尋求證果；

●如何藉由超越增上的三種增上方法，使得念頭自然消融；

●如何藉由自解脫意之經典的六種譬喻說明，而沒有需要拒斥的所知對境，因為已明白看清一切；

●不可分別的六種譬喻如何說明，心與法性的無二無別；

●無有先後次序的六種譬喻如何說明，一切顯現與存有皆是本覺；

●如何清除瑜伽士心意道上的八種障礙與關隘，以及安住於八種堡壘是如何將瑜伽士之道總攝為單一要點；

●如何倚仗三種度量（標準），並以此自然產生進步的覺受與徵兆，且沒有自吹自擂的驕慢；

●如何避免追隨這八種信念⑭之徑；

●顯相如何藉由無貪著而自現且自然消融；

●以及如何以信念的有無而界定九乘之間的差別。

蓮師讓這些教法由法性的廣闊密意中自然流露，而爲最上根者解釋了這一切。

措嘉佛母向蓮師問道：「乞求您賜予一個方法，讓不論上、中、下根器的任何人，都能立刻確然安入覺醒境界。」

上師答道：「一切現象的根源蘊藏在你自己的心中。這個覺醒的心是在每個活著的有情眾生中。此外，它是法身一界，既無形狀，也無顏色，不具實質或物質特性，現作廣大的空明，自始即是無生的。認知這個覺受是本有的，即是所謂的普賢王如來見地，或者法身一界。

這個一界——法性，亦即非由任何事物組成的覺醒心——其本質爲空，自性爲明。單只保持在這個持續的狀態，稱爲結合諸佛密意的禪修。保持在這個狀態中，沒有可修的事物，也沒有可偏離的目標，稱爲超越分合的本有行止。

在法身一界之中，沒有任何事物不是清淨圓滿的；從上方的勝者壇城到下方的地獄世界，一切都是平等的清淨圓滿。因此，不論是在痛苦的狀態或在覺醒的狀態，都沒有差別，諸佛與有情眾生之間，也沒有不同。

此外，這不是剛剛創造的事物，而是自始即任運現前，因此佛果法身是自明的覺性，透過上師的指導而當下得見。並且由於它並非可修得或達到的，故它是清淨的圓滿。

除了這個之外，我沒有其他可教導的，所以要好好把它放在心中，卡千女。」

⑭八種信念同前，指的是六道的信念以及常、斷二邊。請參照本章註⑧。

卡千公主措嘉佛母請求上師蓮花生大士，爲上、中、下根者的利益，開示這三種禪修的教言。她爲後世記錄下這些教言。由於這些教法並非爲了在當時宣揚，措嘉佛母便將它們藏匿起來而成爲珍貴的地伏藏。願具有業緣的瑜伽士得遇這些教法。

未來，當有福報的你們得遇這些法教時，
你對見地自性的了悟也許有如海洋，
但仍應守護最細微的世俗因果。
你可能已了解法性自性的大海，
但仍應保持不散亂的禪修，有如黃金打造的柱子。
你可能已經了悟廣闊心的本然狀態，
但仍要守護你的三昧耶與戒律，讓它們穩定且無有損壞。

你可能已經獲得如海般法性自性的了證，
但仍要敬重崇高的上師眾，有如你頭上的冠冕。

你慈愛的心也許沒有偏私，
但仍應滿足你的伴侶與所有法友的願望。
你也許已經看見佛與一切眾生的平等性，
但仍應避免如毒藥般的十不善業與其果報。

你可能已經了悟佛即是你的自心，
但仍應視莊嚴的本尊摯愛如一己之心。
你可能已了解苦的本身即是最大的樂，
但仍應避免製造一切的苦因、苦行和苦業。

你可能已經轉化情緒為本覺，

但仍應避免以三毒和五毒之火燒灼你的心。
你可能已經體驗到無爲是最大的自在，
但仍應以最大的精進致力揚善。

未來世、自稱爲禪修者的你們，
如果你抱持高尚的見地，但行爲依舊低劣，
你便有受制於享樂主義的危險。
如果你宣稱信仰空性卻相信空無，
你便有落入斷見之邊的危險。

如果你的修練是將自心禁錮在無念的昏沉之中，
你便有落入聲聞寂滅的危險。
如果你宣稱萬法唯心而行爲輕浮，
你便有落入下三道的危險。

如果你攀執最高見地而嘲笑其他佛法的修持，
你便有落入無盡痛苦地獄狀態的危險。
如果你無法攻佔無造作了知的碉堡，
你便有落入六道輪迴的危險。

如果你進行禪修卻相信心是恆常的，
你便有落入常見之邊的危險。
如果你假裝禪修卻尚未了知心性，
死亡時，你便有誤入歧途的危險。

若在進入佛法之門——珍貴的明燈——之後，
你無法在一生之中努力求取無上的成就，
反而繼續追求如此毫無意義與累擾人們的世俗目的，

你便有落入佛法與自心分離的危險。
不要用不平衡而愚蠢的修行來矇騙自己，
應賦予你自己眞實聞、思、修的一切財富。

上師如此教導。

爲利益上、中、下根者，而在龍年秋季的第二個月第八日，在紅岩的頁岩谷傳授此《禪修教言之殊勝金鬘》。

祖靈的女兒

排灣族女巫包惠玲Mamauwan的成巫之路，與守護部落的療癒力量

口述／包惠玲（嫷毛灣Mamauwan）
撰文／張菁芳
定價／460元

★ 要成為女巫，需要有特殊的能力和身分？還是有心就能學會？

★ 女巫究竟是怪力亂神？還是鞏固、療癒部落的中心支柱？

包惠玲自從小時候目睹父親溺水身亡，便發現自己具有容易感知及接收夢兆的靈媒體質。二〇〇七年達仁鄉公所破天荒地開辦了全台第一屆「女巫培訓班」，讓她開始了這條漫長的習巫之路……

背誦經文、繁雜的祭儀程序、被附身的恐懼皆讓包惠玲在這條學巫之路舉步維艱，但秉持著頭目本家的責任感，和看著部落面臨女巫短缺的困境，她終究還是接下首席女巫的大任。

延伸閱讀

風是我的母親
一位印第安薩滿巫醫的傳奇與智慧
定價／350元

祖先療癒
連結先人的愛與智慧，解決個人、家庭的生命困境，活出無數世代的美好富足！
定價／550元

大地之歌

—— 全世界最受歡迎的獸醫，充滿歡笑與淚水的行醫故事【全新翻譯版本】

作者／吉米・哈利（James Herriot）　譯者／王翎　定價／680元

Amazon 4.8顆星　近18000則讀者好評激推！
英國影集《菜鳥獸醫日記》改編自本系列叢書

獸醫吉米・哈利，在書中描寫出約克郡鄉間神奇、令人難忘的世界，以及他的一群感人、有趣和悲慘的動物病人。深刻描寫出那年代鄉村農場中人類和動物間的情感，更用細膩卻又不失幽默的文筆寫出處理各種疾病和傷口的細節。

全然慈悲這樣的我

—— 透過「認出」「容許」「觀察」「愛的滋養」四步驟練習，脫離自我否定的各種內心戲

作者／塔拉・布萊克（Tara Brach）　譯者／江涵芠　定價／550元

暢銷書《全然接受這樣的我》作者最新作品！
你必須愛自己才能療癒！
唯一能帶我回到「家」的道路，就是這條自我慈悲之道。

所謂活得忠於自己，意指帶著愛去生活、活在當下、真誠待人；此外，還有盡情地表現自己的創造力、相信自己的價值、做自己愛做的事，並且擁有力量超越自己的不安全感，去和糟糕的人際關係達成和解。

徒手氣血修復運動

—— 教你輕鬆練上焦，調和肌肉與呼吸，修復運動傷害、遠離長新冠！

作者／李筱娟　定價／550元

強爆汗or微出汗 × 局部運動or全身動起來，
自由搭配的修復兼鍛鍊計畫！

針對上半身各個部位的局部運動，也有針對心肺的全身養生功法；有動作少、非常簡單，但卻有效衝高心跳的心肺運動；也有暢通氣血的穴位按摩和呼吸練習。讀者可以按書中步驟一步步學，也可以依照自身的身體狀況和時間地點來選擇動作，是非常自由、簡單，卻十分專業、有效的運動工具書！

人，為何而生？為何而活？人生的大哉問

—— 人為何而活？是你無法逃避的生命課題！

作者／高森顯徹、明橋大二、伊藤健太郎
譯者／《人，為何而生，為何而活》翻譯組　定價／480元

日本經典長銷書，熱賣突破百萬！
佛教大師解答生命困惑，讓你重拾「生而為人」的喜悅。

唯有永遠不會崩潰的幸福才是人生的目的，而將此一教義之精髓在日本發揚光大的人，正是開創了淨土真宗的親鸞聖人，他說：「人生的目的不是錢財，也不是名譽或地位，而是斬斷人生苦惱的根源，得到『生而為人真好』的生命喜悅，活在未來永恆的幸福裡。」

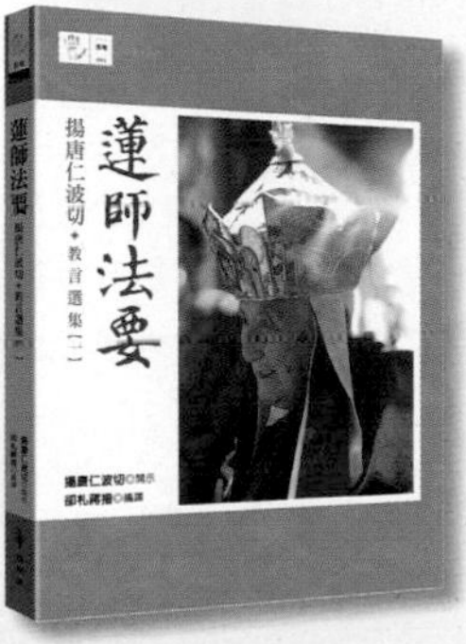

蓮師法要

—— 揚唐仁波切教言選集（一）

作者／揚唐仁波切
譯者／卻札蔣措　定價／460元

揚唐仁波切的心中，總是有著滿滿的蓮師。

這是仁波切數十年傳法生涯當中，針對〈蓮師心咒〉內涵和功德利益所留下的唯一講授紀錄。這篇開示當中，說明了如何實際透過念誦〈蓮師心咒〉，來獲得加持、取得悉地，乃至去除疾疫、饑荒、戰亂和人與非人的危害。

一行禪師 佛雨灑下

—— 禪修《八大人覺經》《吉祥經》《蛇喻經》《中道因緣經》

作者／一行禪師
譯者／釋真士嚴、慧軍、劉珍　定價／380元

佛法並非一套哲學、真理，而是一項工具，
幫助我們捨離所有概念，讓心靈完全自由。

書中包含四部經文，分別是《八大人覺經》《吉祥經》《蛇喻經》和《中道因緣經》。於每部經前，一行禪師會先引導讀者了解經文的大意，接著用最日常的言語和例子解釋經文內容。當你將經文融入自己的生活體驗，才能理解和實踐，也愈能發現其中蘊含的深奧智慧。

8 至要重點篇

烏迪亞那蓮花生大士的證量等同諸佛，且他的色身超越生死。卡千公主措嘉向這位化身佛請教：「偉大的上師，請垂鑑，請問諸佛與有情眾生之間的分界線是什麼？」

上師答道：「措嘉，我們所稱的佛陀（*sang-gye*，藏音「桑傑」），指的是清淨了無明（*sang*，藏音「桑」）之後，智慧與慈悲的圓滿（*gye*，藏音「傑」）。有情眾生由於未能了悟無明是無明，所以成為眾生。因此差別在於明或無明。當你將這點應用到你的相續時，觀看你的思惟心，看見此心為空，不具任何體性。看見並了悟到，心的重重覺醒層面是自行展現的，就是有情眾生自然清淨而成為佛陀的要訣①。措嘉，這至關重要的教言，我授予你。」

措嘉佛母向蓮師問道：「輪迴與涅槃之間的分界線是什麼？」

上師答道：「輪迴，『流轉』，是從一個地方轉到另外一個地方。涅槃是已斬斷這個流轉（循環）。當你將這點應用到你的相續時，看見自心自性是本自即有的，從未生起過②，且不受物質性的過患所染污。當你見到這點時，就沒有流轉的地方了。輪迴從本始被清除、淨化之後，即稱爲涅槃。這是輪迴自然清淨成爲涅槃的要訣。措嘉，這至關重要的教言，我授予你。」

措嘉佛母向蓮花生大士問道：「無明（不了知）與明（了知）之間的分界線是什麼？」❶

上師答道：「『無明』（*marigpa*）是不明瞭心的主要本質。『明』（*rigpa*）是看見心的這個基本本質③。當你將這點應用到你的相續時，向內看著這個本然狀態，這

①這一句源於《上師意集》版，而《瑪赤》（*Martri*）版中則說：「當你看見並了悟到思惟如此自行消融……」

②在另一份文本中，吉祥獅子（師利星哈）將阿底定義為「無生自有」。

❶為使譯名前後一致，如果原文用 knowing，就翻為「了知」或「明」；rigpa 若強調為「原本的」，就和 primordial awareness 相同為「本覺」，若未強調則也是「明」；awareness 即單純是覺性；wakefulness 則為「覺醒性」。

③吉祥獅子（師利星哈）說：「明（knowing, *rigpa*）是本覺的了知，為個人的體驗。」

個清澈、寧靜、鮮活覺醒的心的基本本質。如此單純地看著心，是自然清除無明的要訣。措嘉，這至關重要的教言，我授予你。」

措嘉佛母向蓮花生大士問道：「心與心性的分界線是什麼？」

上師答道：「心（*sem*，森）是形成的思想。心性（*semnyi*，森尼）是離於思考與作意。當你體驗到此一本質就是你的相續時，便中斷自心的意念活動並任其如是而爲，無作意且如它的本然狀態。這個離於任何作意，寂靜且鮮活覺醒的狀態，是自然清淨自心的要訣。措嘉，這至關重要的教言，我授予你。」

措嘉佛母向蓮花生大士問道：「遍基（阿賴耶）與遍基識（阿賴耶識）的分界線是什麼？」

上師答道：「在遍基（*kunzhi*，坤茲）中，「遍」指的是來來去去形成概念的念頭，「基」是與法身相合的基本了知，因此是儲藏善惡習氣的容器。遍基識（*kunzhi namshey*，坤茲南謝）是從遍基激起並生起爲念頭的心。當你將這點應用到你的覺受時，讓你無作意的本然狀態、你眞實根本的自性，不受思惟干擾，平靜地保持著無念與鮮活的覺醒。認知此爲遍基與識兩者的本然狀態，也是事物的自性。因此，這是自然融入法身的要訣。措嘉，這至關重要的教言，我授予你。」

措嘉佛母向蓮花生大士問道：「心與心識的分界線是什麼？」

上師答道：「心（*yid*，依）是思惟的基礎，心識（*yidkyi namshey*，依吉南謝）是所有可能發生的念頭活動，是促使心活動的風息。當你將這點應用到你的相續而體驗時，不要被挑起情緒的風息所煽動，而是讓心保持無念，不由任何體性所構成，就有如酥油燈中不爲風動的火焰。保持覺醒，但不形成概念。這是讓心和心識自然消融爲法性明澈自性的要訣。措嘉，這至關重要的教言，我授予你。」

措嘉佛母向蓮花生大士問道：「勝義與世俗的分界線是什麼？」

上師答道：「勝義是超越概念心範疇者。世俗是不受抑制的經驗者，它的體性是任何可能的迷妄心境。當你將這點應用到你的相續而體驗時，當你向內看著世俗，你發現世俗中並不包含任何概念心的範疇，在體驗時反而是空的，且並非由任何事物所組成。這是將世俗自然消融而成爲勝義的要訣。措嘉，這至關重要的教言，我授予你。」

措嘉佛母向蓮花生大士問道：「此岸與彼岸之間的分界線是什麼？」

上師答道：「此岸是指輪迴的現象，彼岸是指超越輪迴的現象。當你將這點應用到你的相續而體驗時，向內看著屬於此岸的一般思惟心，由此看見它是完全無實質的，是無可理解的能知。這是所謂的『到達彼岸』，是將此岸消融而成爲到達彼岸的要訣④。措嘉，這至關重要的教言，我授予你。」

措嘉佛母向蓮花生大士問道：「昏沉與覺醒之間的分界線是什麼？」

上師答道：「昏沉是由於厚重的心意遮障而無法理解任何事物。覺醒是鮮明地如實看見初始的本然狀態。當你將這點應用到你的相續而體驗時，向內看著這個不了知、無理解力的心本身，不要質疑心是否了知，由此看見它不含任何體性，而是清澈且無遮的。這是讓昏沉自然消融的要訣。措嘉，這至關重要的教言，我授予你。」

④「到達彼岸」一詞是波羅蜜多（paramita）的字面直譯。

措嘉佛母向蓮花生大士問道：「愛與憎之間的分界線是什麼？」

上師答道：「憎是厭惡另一個對境，愛是喜歡另一個對境。當你將這點應用到你的相續而體驗時，向內看著觸發憎恨的對境，並看見它是空性的，沒有任何體性。向內看著激起慈悲的對境，並看見它也是空性的，不具任何體性。你所憎恨的敵人是心，你所摯愛的朋友也是心。了解這心是空性的，非由任何事物所造，即是讓愛憎自然消融的要訣。措嘉，這至關重要的教言，我授予你。」

措嘉佛母向蓮花生大士問道：「欲望與歡喜之間的分界線是什麼？」

上師答道：「欲望是執著且渴求特定的事物。歡喜是心中生起喜悅。當你將這點應用到你的相續而體驗時，向內看著感受到欲望的心，並且發現在看見吸引人的對境或財物時，那歡喜只不過是一種愉悅的經驗。欲望和歡喜都是心，由於這心不是由任何事物所組成，這是自然消融欲望與歡喜的要訣。措嘉，這至關重要的教言，我授予你。」

措嘉佛母向蓮花生大士問道：「自我與他人的分界線是什麼？」

上師答道：「自我是顯然的攀緣，他人是偏頗的分辨。當你將這點應用到你的相續而體驗時，向內看著自我並發現，自我並非由一個你可以攀緣的自我所構成。向內看著他人並發現，他人並非由你可以攀緣的片面類別所構成。自我和他人都是心。心的這個空性特質是使自我和他人無分別地自然消融的要訣。措嘉，這至關重要的教言，我授予你。」

措嘉佛母向蓮花生大士問道：「痛苦與歡愉之間的分界線是什麼？」

上師答道：「痛苦是心的不自在，歡愉是意念的自在。當你將這點應用到你的相續而體驗時，向內看著那不自在的痛苦狀態，並發現它不是由任何具體的物質所構成，而是心。心是空的，而這個空性的特質是自在的狀態。這是將痛苦改變為自在的要訣。措嘉，這至關重要的教言，我授予你。」

措嘉佛母向蓮花生大士問道：「善行與惡行之間的分界線是什麼？」

上師答道：「善是任何有益的行為，惡是帶來不善業果的行為。當你將這點應用到你的相續而體驗時，一切業的行為以及業的成熟，在覺醒心的狀態中是一體的，這個心自始以來即不受善行之德與惡行之失所染污。由於這空性的心不會累積業的果熟，這是將惡行轉為良善的要訣。措嘉，這至關重要的教言，我授予你。」

措嘉佛母向蓮花生大士問道：「『諸佛心意』與『有情眾生心意』之間的分界線是什麼？」

上師答道：「佛意從不離開根本的自性，有情眾生之心則是不斷的來去。當你將這點應用到你的相續而體驗時，讓這有著念頭來去的有情眾生之心不造作，它的基並非由任何體性所構成。那是初始本然的心，大自有的狀態，稱之爲安住於佛意。這是讓有情眾生之心消融而成爲佛意的要訣。措嘉，這至關重要的教言，我授予你。」

措嘉佛母向蓮花生大士問道：「神與魔之間的分界線是什麼？」

上師答道：「神是已經捨棄一切惡意者，魔是懷有惡意者。當你將這點應用到你的相續而體驗時，你所感知的神與魔，其本身即是你有意念的心。直接向內看著這個意念，並發現它沒有任何實體，而是空性的。在那一刻，神與魔的念頭中止了，因此這是讓神與魔自然消融的要訣。措嘉，這至關重要的教言，我授予你。」

措嘉佛母向蓮花生大士問道：「敵人與子女之間的分界線是什麼？」

上師答道：「敵人是我們視爲敵對的人，而子女是我們疼愛如寶的人。當你將這點應用到你的相續而體驗時，向右看見你的敵人，向左看見你的子女。向內看著內心並發現，將某人視爲敵人的是這個心，而將某人視爲子女的也是這個心。向內看著這個二元的感知並發現，它既無基礎、也無實質。無實質性的本身，即是讓敵人的想法自然消融的要訣。措嘉，這至關重要的教言，我授予你。」

措嘉佛母向蓮花生大士問道：「有價值與無價值之間的分界線是什麼？」

上師答道：「有價值是指被視爲所需要與所貪戀的事物，無價值是指與需要或貪戀無關的事物。當你將這點應用到你的相續而體驗時，向右看見黃金，向左看見骯髒的糞便。對黃金的貪戀與對污物的厭惡，都是在你的心中。由於這個心本初以來即是空性而不具實質，因此黃金和污物是平等的。這是了悟黃金與污物毫無差別的要訣。

措嘉，這至關重要的教言，我授予你。」

措嘉佛母向蓮花生大士問道：「能知與所知的分界線是什麼?」

上師答道：「所知是將外在的物質對境看成是眞實的，能知是將內在的心誤解爲眞實的。當你將這點應用到你的相續而體驗時，看著外在所知的對境，並了悟顯相本身即是空性。向內看著內在能知的心，並發現心是無實質且空性的。了悟此，即是了悟能知與所知無二無別、皆爲顯現空性的要訣。措嘉，這至關重要的教言，我授予你。」

措嘉佛母向蓮花生大士問道：「取與拒之間的分界線是什麼?」

上師答道：「取是在意念上不拒絕而接受，拒是在意念上捨棄。當你將這點應用到你的相續而體驗時，要認出輪迴的痛苦是二元分別的心。了解它的徒勞無益，並離於對世俗追求的衝動。藉由將自心轉離輪迴，你就得到了什麼都不需要的自由。因此，了悟沒有要取、拒的事物，即是讓取、拒自然消融的要訣。措嘉，這至關重要的教言，我授予你。」

措嘉佛母向蓮花生大士問道：「念與無念之間的分界線是什麼？」

上師答道：「念是沉思與深思。無念是沒有意念活動，保持如此而讓念頭的來去自行消融。當你將這點應用到你的相續而體驗時，不論生起何種念頭，既不要排斥它，也不要修改它。反之，讓它自然消退，離於意念的造作戲論。由於它不具實體，因此也不留下任何痕跡。這稱爲將念頭帶向無念的要訣。措嘉，這至關重要的教言，我授予你。」

措嘉佛母向蓮花生大士問道：「作爲因的福德資糧，與作爲果的智慧資糧，兩者之間的分界線是什麼？」

上師答道：「因——福德資糧，是指生起次第、持咒與詠誦、禮敬與供養食子、佈施、持戒、忍辱、精進等等。果——智慧資糧，是指在空性自性中修持禪定與慧觀。不論你修什麼，圓滿福德以作爲慧果的要訣，是以毫無能作與所作的概念想法而將其封印。措嘉，這至關重要的教言，我授予你。」

措嘉佛母向蓮花生大士問道：「止與觀之間的分界線是什麼？」

上師答道：「止是當念頭活動完全消退，而你的注意力仍保持不動。觀是你在當下清晰看見法性。當你將這點應用到你的相續而體驗時，在你安頓而入於平等性中之後，你清晰地在所見與所想的一切之中，體驗到空性、事物的本性，這就稱爲了悟止、觀無二無別的要訣。措嘉，這至關重要的教言，我授予你。」

措嘉佛母向蓮花生大士問道：「方便與般若之間的分界線是什麼？」

上師答道：「善巧方便是巧妙且善於分辨，而般若是了知與見到實相。當你將這點應用到你的相續而體驗時，要運用善巧方便以辨識你自心的無生自性——其不由任何體性所組成的空性，同時以般若來知見心的無生自性。這是了悟無生空性與法性般若無二無別的要訣。措嘉，這至關重要的教言，我授予你。」❷

措嘉佛母向蓮花生大士問道：「入定與座下之間的分界線是什麼？」

上師答道：「入定是將身、語、意安住於平等捨之中，讓煩躁不安的注意力靜下來，並穩住這份寧靜。座下是從禪定中起座後，運用剛才所提的原則並更加強化之。當你將這點應用到你的相續而體驗時，禪定時修一切事物離於作意有如虛空，而在四種日常活動中隨後而至的體會當中，則修顯相超越概念作意。這就稱作了悟禪定與座下無二無別的要訣。措嘉，這至關重要的教言，我授予你。」

措嘉佛母向蓮花生大士問道：「虛空與覺性之間的分界線是什麼？」

上師答道：「虛空是心的自性，即深度揭露的法性之清淨本質。覺性是了知此一虛空就在你的內在。當你將這點應用到你的相續而體驗時，心的自性——沒有任何物質組成的眞實法性——是清淨且難以測度的。藉由自明覺性而看見此法身，即是深度揭露的法性。安住在其延續之中，即稱作是了悟虛空與覺性無二無別的要訣。措嘉，這至關重要的教言，我授予你。」

❷方便（means）有時可譯為技術或法門。一般來說，藏文 yeshe 代表「智」（wisdom），範疇較廣且可分為本來與後得者，藏文 sherab 則是「慧」（knowledge），或是梵文的般若（prajna），指的是波羅蜜多的第六度。此處將 knowledge 直接翻譯為般若，以和智作分別，並且也合於回答中的解釋（了知與見到實相）。

措嘉佛母向蓮花生大士問道：「諸法與法性之間的分界線是什麼？」

上師答道：「諸法是善的現象、不善的現象，以及不善不惡（中性）的現象——可以如此描述與指稱的一切事物。法性是指諸法其本質皆空，自性爲空，也空無性相。當你將這點應用到你的相續而體驗時，法性是了悟一切現象，皆由等同空性的心中生起。這就稱作了悟諸法與法性無二無別的要訣。措嘉，這至關重要的教言，我授予你。」

措嘉佛母向蓮花生大士問道：「見地與見者之間的分界線是什麼？」

上師答道：「見地是無顛倒的佛意，見者是有情眾生的心。當你將這點應用到你的相續而體驗時，見地不在他處。見地是無偏頗而寬廣遍一切處，沒有中央或邊緣，因此，讓你的心性不造作。當你的心對此向內看著時，不要將它視爲他物，反之，將它視爲自始就在你的內在。這就是了悟所見與能見無二無別的要訣。措嘉，這至關重要的教言，我授予你。」

措嘉佛母向蓮花生大士問道：「禪修與禪修者之間的分界線是什麼？」

上師答道：「禪修是將自己安置在無念法性的無造作、本然狀態，禪修者是瑜伽士的心。當你將這點應用到你的相續而體驗時，放鬆身心而進入你凡俗心性的無造作狀態，並任它處於本自即有、本自能知的狀態，不受念頭的破壞。在這個狀態下沒有可分離的修練者，所以它稱作了悟禪修者與禪修無二無別的要訣。措嘉，這至關重要的教言，我授予你。」

措嘉佛母向蓮花生大士問道：「行與加行之間的分界線是什麼？」

上師答道：「行是你所做的一切，加行是運用你的一切行為使修行更加進步。當你將這點應用到你的相續而體驗時，以正念守護而攝持你的行、住、坐、臥等一切作爲。不要陷入〔無心的〕日常事務之中。以法性攝持你的行和加行運用，這就稱作了悟行與加行無二無別的要訣。措嘉，這至關重要的教言，我授予你。」

措嘉佛母向蓮花生大士問道：「求證之果與能證者之間的分界線是什麼？」

上師答道：「求證之果是佛的三身，能證者是意欲證悟三身的心。當你將這點應用到你的相續而體驗時，三身不在他處。心的自性與事物的自性皆是爲空且不可分離，即是法身。體證此一毫無束縛的能知，即是報身。覺性以種種方式顯現，如此的遊戲即是化身。了悟到求證之果就在你之內，而非於他處可達，這就稱作了悟果此刻就在你之內，而非求證之對境的要訣。措嘉，這至關重要的教言，我授予你。」

措嘉佛母向蓮花生大士問道：「要持守的三昧耶與三昧耶的持守之間，分界線是什麼？」

上師答道：「要持守的三昧耶是根本與分支等等，三昧耶的持守是守護你的身、語、意以免損害三昧耶。當你將這點應用到你的相續而體驗時，要持守的三昧耶及此持守的本身——所有身、語、意的根本，以及四個主要分支，無非都是你自心的相續本質。了悟此一完美無瑕的心，即稱作了悟三昧耶的要訣。措嘉，這至關重要的教言，我授予你。」

我，這位心意薄弱的措嘉女，
以恭敬的身、語、意
請求化身上師蓮花生，
因而領受到這個教言，是爲要訣的開示。

我爲後世人寫下手稿。
由於傳佈的時機未到，我將其封爲伏藏。
願具有業緣的宿緣者能得遇，
並淨除其遮障而獲得持明位。

這是我在兔年夏季第三個月第二十五日，於晶珠松嶺所寫下的要訣竅言、託付的封印教法。

寶藏封印。ꙮ
隱藏封印。ꙮ
託付封印。ꙮ

9 生起與圓滿合一，有緣念與無緣念的修持指導

拉謝國王向蓮花生大士問道：「大師，乞求您賜予我們結合有緣念與無緣念修持的直指教言。」

如此說完，國王向蓮師獻上黃金曼達，並隨著請法而進行一座薈供。蓮師隨後便給予了以下教言。

唵　啊　吽

這是認清三種子字為（佛之）❶身、語、意大印的教言：

不論你留駐在什麼地方，你所在地方就是閉關處，你的身之山岳。此處住著隱居的修行者——你的心。

首先，觀想自己為本尊，在一剎那間憶念起完整的本尊身形。認清此本尊身形，連同其色彩、法器、嚴飾、衣著在內，其栩栩如生的顯現即為報身。認清此本尊身形即為化身，雖然能看見卻不具實質，不是由任何物質所組成。

當你如此觀想時，認清你的心不是千變萬化的念頭，而是法身，並且它保持明澈與無念，有如不為風動的酥油燈焰。認清所觀想的本尊，除了可在你視其為本尊體性的心中找到之外，無法在他處尋獲。

接著，以〈佛之〉身、語、意加持此本尊。觀想在你的頭頂上，有個四輻的法輪，其上有白色的「唵」字，認清其為一切善逝身的體性。觀想在你的喉間，有四瓣的蓮花，其上有紅色的「啊」字，認清其為一切善逝語的體性。觀想在你的心間中央，有個十字的金剛杵，杵的中心有藍色的「吽」字，認清其為一切善逝意的體性。

認清這〈佛之〉身、語、意的本尊，鮮明顯現有如大印，自始即自然圓滿無須尋求，乃是覺醒境界的體性。認清到，在有此認識之後起修，即是由修單一本尊而修一切佛陀。認清本尊的身形，鮮活現起而不會衰敗或消退，並且超越出生與死亡。這就是關於〈佛之〉身大印的直指教言。

❶以下標明〈佛之〉者，皆代表原文的用字是大寫（Body, Speech, Mind），與小寫的（body, speech, mind）不同，應指佛的身、語、意。

我現在要給予〔佛之〕語三種子字的直指教言。認清你頭頂上的白色「唵」字是善逝身的體性，喉間的「啊」字是善逝語的體性，心間的「吽」字是善逝意的體性。認清「唵」字能清淨三界一切有情眾生在身方面的遮障，「啊」字能清淨三界一切有情眾生在語方面的遮障，「吽」字能清淨三界一切有情眾生在意方面的遮障。

在身、語、意的遮障清淨之後，將生起三種成就的徵兆：

●經由「唵」成就〔佛之〕身，你的身體會生起大樂，因此，認清此為大樂法身。

●經由「啊」成就〔佛之〕語，你的話語會產生力量，因此，認清此為法性的聲音空性之語。

●經由「吽」成就〔佛之〕意，你的心中會生起了證，因此，認清此為法界的無念現前。

當這些〔徵兆〕鮮活現前時，會出現三種的不間斷：

- 「唵」爲吸氣，從你的頭頂顯現。
- 「啊」爲住氣，從你的喉嚨顯現。
- 「吽」爲吐氣，從你的心間顯現。

認清這三個種子字，息息不斷有如你的呼吸，即是金剛誦。這是關於〔佛之〕語三種子字的直指教言。

現在我要給予直指〔佛之〕身、語、意的教言：認清化身的體性是「唵」，是你當下有著無數念頭形成的心；認清報身的體性是「啊」，是你本然現前、能知而無拘無束的覺性；認清法身的體性是「吽」，是你無造作、不由任何事物所組成的心。

此外，由於「唵」是化身的體性，認清它即爲行：不執著各種事物，而以所有可能的方式去覺受。由於「啊」是報身的體性，認清它即爲修，現於當下而無攀執。由於「吽」是法身的體性，認清它即爲見地——全然離於貪求的無邊大樂。

認清化身體性的「唵」，是念頭生起爲法性，因爲念頭與記憶的來去會自然消融於其中。認清報身體性的「啊」，是超越禪坐時間（座上）與休息時間（座下）的禪修，因為這個體性顯現為本然覺知的法性。認清法身體性的「吽」，是不偏離遊移、無根據基礎的法性見地。這是關於（佛之）身、語、意的直指教言。

將這些教言結合為一個要點，視你的身為顯空無二，看得見卻無實質。視你的語為三種子字。在心中清晰持誦三種子字，它們是無二的空明。具備這三點，即是結合有緣念與無緣念的修持。偉大的國王，這必定能使你證得佛果，因此，將這些當成你的日常修持。我貝瑪（蓮花）發誓，再也沒有比這更無上的教言了。

國王領受此教言之後欣喜若狂，他向蓮師彎腰致意，並向蓮師拋灑金粉（作為供養）。

這就是結合生起與圓滿的教言。

10 關於女子不捨日常俗務仍能獲證佛果的教言

尊名為蓮花生大士，其受生不受母胎染污的大師，是由蓮花中神妙化生的。威能顯赫的藏王迎請他進入雪域。在調伏建造桑耶的這片土地之後，蓮花生大士常駐在晶珠松嶺上。於此，曾有七位不平凡的女性——卡千的措嘉佛母、雪卡的金剛湖女、丘羅的光燦禮拜女、卓地的瑪婷瑪女、瑪爾貢的珍寶頂飾女、欽地的閃光女，以及汝楊的馬提女，她們一起擺設了一個黃金曼達，約有一腕尺大小，並有藍綠色的花朵以代表皇家七寶。

她們以米酒和各種美味佳餚獻上薈供之後，提出這樣的請求：「大師，請您垂聽。請與我們分享您完美無瑕的身形顯現，您純淨的話語，以及您超越一切概念作意的心。」

卡千公主措嘉佛母如此向蓮師說道：「像我這樣的女子才識淺薄、愚鈍不靈，未受教育，且心胸狹窄，請您賜予我能在這一生以女性之身獲得正覺的教言。請賜予我容易了解和記住，簡單能領會與了悟的教言。」

蓮師隨後向她開示以下的話語：「卡千公主，諦聽。法性的眞實自性，不是此心可以攫取的一個對境，它沒有維度大小且不屬於任何類別，是無法以任何方法指認的性質，因此無須由明智的人來作分析。它單純是關於了知，了知從一開始就一直在你之內的心，因此無須知識才學。別管是否聰明，只要安住就好。

這眞實自性不屬於智力的範圍之內。由於它是本自即有的清淨，無生且自然現前，因此無須刻意去修爲之。對它的體驗就只是自然的現前，因此無須在心中執持它，也不需要機靈敏銳。就別管什麼才智了。

平等性的心既不寬廣，也不狹窄。佛意與有情眾生之心，是從同一個根基衍生而來，這根基也就是覺醒的心。了悟它即是證悟，不了悟它便在輪迴中流轉。這個心的體性，無視於概念作意，它清澈明亮，不由任何事物所組成，乃純粹的空性，毫無阻礙而鮮活的現前——這就是佛意。除此之外，沒有其他是你需要了悟的了，因此，了悟它，對此你就不再有疑惑。

法性的自性無法透過名稱或書寫而捕捉，因此超越了概念作意的限制。這個指導既無經典，也無文字，沒有需要分辨的複雜細節。一旦你能了解這一點，你是否聰明或有無知識都無關緊要，它非靠博學多聞。

你應該安住在這樣的了悟上。這也是偉大的經教傳承，它將確立聽聞與思惟的整個範疇。這也是能讓你在這一生中，與你離開這個身軀之前，覺醒證悟的教言。因此，要好好修持。

儘管如此，你們女眾在有人解說它時不能了解，在有人示現它時無法看見，在有人說明它時又不聆聽，而且你們無法保守秘密，卻又堅持要求更多的教導。佛法不在你們的心中，你們卻又昂首闊步，彷佛心中有法。這個針對像你們這樣女眾的教導，幾乎不可能成功，所以別再自欺了，而是必須全神貫注在自己的修持上。」

雪卡的金剛湖女接著問道：「大師，請您垂聽。請爲像我這樣性情拙劣、無法精進修持的女子，賜予雖然怠惰但仍能覺醒證悟的教言。」

上師便傳予她以下的教言：「雪卡女，諦聽。法性的自性原本即在你的心中，因此是可以怠惰的。

法性眞實自性的意義是什麼？它是本然即在，無拘無束的明澈覺性，不需要往他處去尋覓。當你了悟這個平等心是本自即有、永無止息時，就可以怠惰。由於每一種感知的顯現，都是此心覺知自性的表顯，不論有什麼念頭來去，它都由法性的自性生起，又消融回法性的自性，因此初始覺性是永無止息的。

這個要了悟的自性，不是要去修持或成就的某個東西，所以是可以怠惰的。在法性的如是自性中，完全無可修持也無可成就，從一開始你就自然擁有它，它都在。不論什麼樣的作爲或努力，都會使你受到野心之繩的綑綁與束縛。並沒有其他需要經由努力奮鬥而達成的目標。讓你的平等心無所緣地在法性的證悟境界中，放鬆安住。

了悟此一自性之後，如果你能夠怠惰，那本身就是佛的覺醒境界。你對於再次投生於輪迴之中，便不會懷有恐懼。

儘管如此，像你這樣的女子，既放不下，又不能什麼都不做。你們總是精心策劃一些不必要的活動，對於眞正需要的佛法修持卻又連片刻都不思惟。當你要開始向內看著心性的時候，即使看著片刻都沒有辦法，而對於不必要的面容裝扮，卻反而是毫不厭煩地一再盯查。你們不在禪修上獲得實力，卻反而注重毫無目的的閒聊，有如從老牛口中不斷流下來的口水。

我尚未看見有人曾成功教導這樣的女子。如果你想要堅持不懈，就要更進一步的修行佛法。」

丘羅的光燦禮拜女接著向大師問道：「大師，請您垂聽。請爲像我這樣五毒熾盛的女子，賜予無須排拒五毒而能覺醒證悟的教言。」

大師隨即傳授她這些話語：「丘羅女，諦聽。五毒情緒從一開始就是你自然擁有的，就在你之中，因此並不能用排斥來把它們丟掉。它們無法由轉化而獲得轉化，或者由淨化而獲得淨化。由於這五毒具有法性的自性，因此必須讓它們自然消融，原地解脫。

瞋的體性是空性，當瞋恨熾盛而變成地獄之後，在那一刻，此瞋恨已不能再生成任何其他東西，所以也不會再生成其他東西。瞋的對境是空的，因此從瞋的對境也無法生出任何東西。瞋沒有它個別的體性，所以既無形狀也無顏色，既無實體也無實質，因此無須排斥它，它便自行消融。瞋生起時不會造成傷害，瞋不生起也沒有利益。瞋自然消融於法性的廣袤之中。

貪、癡、慢、疑（嫉妒）也一樣，它們空無位置，因此沒有出處。其次，它們沒有地方，既無所依也無實體。最後，它們空於本質，既無顏色也無形狀。五毒情緒在原地消融，不留下任何痕跡。本始覺性便清醒萌露，念頭解脫爲法性，二元對立之繩被斬斷。

了悟這個之後，當你在修持時，不論哪一種五毒情緒生起時，都將萌現爲法性，無須拒絕。本覺是不需要被製造的。這是讓五毒自然解脫的指導。當你依照這個原則修持，你將無可避免地會獲得證悟。

儘管如此，像你這樣的女子，都以五毒情緒來點燃自己的心。她們沉浸在不善的習氣之中，並沉溺於欲望之中。她們對男子的渴求有如二元對立的狂風。這樣的女子既髒又臭，她們連對堆積著的灰塵都執著不放。不思惟佛法，只想著自己，冷酷無情且不易感化。五毒有著放肆囂張的危險，因此你應當要做實修。」

卓地的瑪婷瑪女接著向蓮師問道：「大師，請您垂聽。請爲像我這樣有著諸多俗務與分心事物的女子，賜予無須捨棄工作活動而能覺醒開悟的教言。」

上師以這些話語指導她：「卓地的瑪婷瑪女，諦聽①。法性以無數的方式示現，因此萬事萬物都是覺醒的境界。若要受用而不貪戀任何五根的享樂，就有如受用一盤食物一般。無執著是佛行的方式。

由於本自即有的覺性是從自身開展，每一個憶念都是覺性。不論心中出現什麼，不要追隨，讓它由出現的地方清除——這個本身就是覺醒的境界，有如泡沫從水中而生，又融入水中。

輪迴中的流轉是無常的，沒有任何實質。不論你如何歷經這生、老、病、死的無盡輪迴，有如魔術幻現一般，這些都沒有任何部分具有實質，因爲它們全都是由你的心所生。了解它們是幻相，雖然可以體驗，但卻非爲眞實。

相信有我，這是一種迷妄，因此不要相信我或白我有任何實質。房舍和土地、丈夫和子女、錢財和家當，都有如夢中的對境，既不眞實且爲如幻。因此，要把這些當成幻想。

所有世俗活動的本性都是痛苦的。有如蠶從唾液吐出的線一般，它們從蠶（你）吐出，然後又把蠶（你）捲綑起來。不論你做什麼，應以無念作爲封印，然後將累積福德的行爲作迴向。如果你能如此修持，你所做的每一個行爲都會變成帶領你證得佛

①卓地的瑪婷瑪女有另外兩種拼字的方法，分別是「亭邦瑪」（Tingpangma）和「瑪貝瑪」（Mapema）。

果的法。

儘管如此，像你這樣單純的女子，沒有什麼毅力。你們有著有形的敵人，無法修持佛法，反而被迫婚嫁。你們的惡業讓你們有無數的工作得做，所以你們從不思惟佛法。只有非常少數的女子能在佛法的修持上有所成就，因此，要以堅忍的毅力讓自己鼓起勇氣。」

瑪爾貢的珍寶頂飾女向上師問道：「請爲像我這樣具有惡業的女子，賜予未來不再投生爲女子的教言。」

上師答道：「瑪爾貢女，諦聽。本自即有的了知，此覺醒心，不是在過去、現在或未來所形成的。此外，它既非男，也非女，亦非中性，且功德上並無差別。它是本自即有、本自生起的本然現前，是無生的法性，離於死亡、遷轉，以及毀滅。法性之中沒有變異的恐懼。

因爲由這個心所顯露的念頭是覺性，因此無須努力或修練。念頭在其中生起，又消融返回其中，有如空中的雲一般。

法身就在你之中。由於它從未被形成，輪迴從一開始就是清淨的，它不會投胎轉世而有肉身。法性的遊戲是慧觀的自性，一旦你了解這一點，身爲女子就不再是低下的。若是無法認識法性的自性，即使出生爲具有威權的國王，也無法停止輪迴之流。

無論如何，除非你了悟無生法性，否則沒有任何事能幫得了你，這就有如不孕的女子無法生出孩子一般。然而，一旦你了悟無生法性，你就不需要再受生。

儘管如此，像你這樣的女子，聰慧不足以修持佛法。你既缺少堅忍的鎧甲，也沒有能力修持。你的智力薄弱，難以向你示現法性的自性。你的膽小軟弱使你無法了悟它。極少有女性能在佛法的修持上有所成就，因此，你應該全心全力的付出，用心修持。」

欽地的閃光女接著向蓮師問道：「請為像我這樣的愚蠢女子，賜予能以單一說辭就覺醒證悟的指導。」

上師答道：「欽地女，諦聽。從一開始，你的心就一直是從未生起而本自即有的本然現前，且初始就在你的相續之中。它不是需要透過努力去重新達成的事情。由於這自心自性不是實體的事物，修練它意味著什麼都不修練。它不是要修練的對境，也沒有要修練它的人。

既然你的思惟即是本始覺性，便不要將昏沉與掉舉視為缺點。由於念頭沒有體性，它們自然消融之後，法性的本然現前狀態就趨前而來。昏沉由這個自性中生起，又消融回自性之中，因而淨除了。掉舉也在從這自性中生起時，淨除而返入基空。

由於果不是一件可達成的事，所以只要了悟你自己的心，便已足夠。由於心既不會死亡亦不會遷轉，所以它是法身一界。一旦你了解這個意義——『一斷』的了悟，其本身就是佛的覺醒境界。

儘管如此，像你這樣善變與疑心重重的女子，以你死板僵化且根深柢固的情緒，並無法遵循上師的指示。你們當中只有少數人能到達佛法修持的終點。但是如果你確實有做修持，便要將上師的指示視爲寶藏，並且至少要願意面對少許磨練。」

汝楊的馬提女接著向蓮師問道：「由於我精進心薄弱，請賜予我無爲的教言。」

上師答道：「汝楊的馬提女，諦聽。法性的自性不是具體的物質，因此沒有可製作生產的東西。由於這法性自性自始即在，它不是由彎腰禮敬所得到的果報。法性的自性就在你之中，現前而無遮。一旦你了悟，你的心是沒有任何體性的，這個了悟本身就是覺醒的境界，它不是需要去達成的某件事情。所有的努力與奮鬥，只會將你束縛於渴求之中。放下，不造作，不禪修。

儘管如此，像你這種愚蠢無知的女子，不論教你多少，你都無法了解。即使向你指出法身，你還是無法認出它。爲你引見覺醒狀態時，你仍然無法看見它。即使教導你了，你也難以了悟無爲的一斷。你們大多數會曲解這個對女性的開示，所以務必穿上更堅固的鎧甲，並小心不要成爲婚嫁魔的階下囚。不要生育子女，反之，即使困難不易，仍應一人獨自修行。」

蓮師又爲這些女子們做了一些開示：「諦聽，你們這些虔誠的年輕女子。你們皈依的對象中，最殊勝的是三寶，因此應該在皈依的法門中努力而爲。如此，這一生就是有福的，且可以避免未來投生到下三道中。

依止的對象中，最殊勝的是你的上師，因此對上師的恭敬，要有如頂戴在頭上那般高。你的這一生將受到加持，並且上師將在未來生世中在道上引導你。

禮拜的對象中，最殊勝的是你的本尊，因此供養薈供和食子，如此可以讓你實現此生的目標，並爲未來生世帶來富貴榮華。

尊敬的對象中，最殊勝的是你的父母，因此要侍奉並照顧他們，這會在這一生爲你帶來立即的利益，並確保他們未來對你的幫助。

伴侶中，最殊勝的是你的丈夫，所以應看重他有如看重你的雙目，如此你將擁有賢善的一生，下輩子能出生到有地位的家族之中。

由於女子對於切身事物都擁有大多的決定權，所以對於餐點要慷慨大方，如此能確保你此生擁有親切厚道的僕人，且未來生世將擁有豐盛的食物與財富。

子孫後代都是往昔的冤親債主，因此務必讓他們學習佛法，這將有助你的此生，對他們的來世也有助益。」

蓮師接著繼續說道：「年輕的女子們，諦聽。明覺心既非男、亦非女。本自即有的覺性、此法性，既不高慢，也不卑微。本自即有的法身，既不高，也不低。一界（唯一明點）的自性超越增、減。佛意超越維度。事物與其自性並非二元對立。

一旦你了悟自己的心即是佛，便不需再往他處尋找佛。了悟自心自性，並於此修練。尊敬你的上師與諸珍寶上師，並盡力以符合佛法的方式生活。那麼雖然生為女子，你卻是明智而莊嚴的。」

七名女子證得了悟，並對上師的話語感到隨喜。她們頂禮蓮師，繞行蓮師，並獻上豐盛的薈供。卡千公主措嘉佛母由於顧念後世眾生，當時在晶珠松嶺便將蓮師的話語記錄下來。

封印，封印，封印。

11 覺性顯現的灌頂

取自〈普賢王如來無礙密意〉之「覺性顯現灌頂闡釋」

普賢王佛與金剛薩埵、
極喜金剛與妙吉祥友、
吉祥獅子等諸上師眾，
三身傳承上師我頂禮。

聖號為蓮花生的大師，他的身體未曾受過母胎過失的染污，他光燦的示現是由自現的蓮花中所出生，他是忿怒者的尊勝王，戰勝四魔的調御者。他的身形有如金剛，毫無變異且無法摧毀。

這位威能的王，無上神變成就的得證者，因法身佛的悲心所喚起，並由一切報身佛為他灌頂。當所有的化身佛聚集共議時，他現為須彌山南方瞻部洲上釋迦牟尼佛的攝政。他在八大屍陀林地教導弟子，在印度金剛座擔任攝政，且由於過去誓言的力量，他抵達雪域西藏，使得佛陀的法教得以在彼處傳揚與興盛。

其後，在桑耶欽普的洞穴中，他將四種灌頂完整賜予了赤松德貞王與卡千公主措嘉佛母。國王與佛母在這時候看見許多瑞相，並獲得修持上的煖熱，因此他們出於信心與虔敬心，作此請求：「大師，請您垂聽。一開始在彩砂壇城中，接受有各種表徵與物品的灌頂，其中包括寶瓶，其意義是什麼？」

大師答道：「王和卡千女，諦聽。圓滿正等正覺者的一切教言有三類：方便義（不了義）、秘密意、究竟義（了義）。在這些之中，方便義的用意在以善巧的方式引導感知有誤的有情眾生往生上三道。秘密意是菩薩運用其巧智爲方便而令眾生從輪迴的痛苦中解脫。

究竟義有三種漸進的階段。中觀的見地是下乘一切教法的果實，沒有任何焦點重心，而是安住於無有限度的狀態。經部追隨者所稱的無概念作意是安住在離於能知、所知的狀態。到這一點爲止，除了僅有的符號或指示之外，並無眞正的灌頂賜予。

寶瓶灌頂（瓶灌）是根據密咒乘的所有續典而授予的。以空性見地爲果，這能清淨業障。此外，領受寶瓶灌頂能開啓行者步入密咒乘內部的大門，密咒乘內部就是透過言辭所指出的五智。因此，寶瓶灌頂是象徵性的灌頂。

這個寶瓶灌頂是最一開始的灌頂，能夠淨除煩惱障，並開啓甚深教法的大門，且在接受灌頂之後，能夠觀修本尊以及修持儀軌（梵：*sadhana*）。它的果是能夠掌控屬於情器世間的一切。」

大師如此開示。

他們接著又問：「大師，請您垂聽。秘密灌頂的時候，爲什麼需要修持脈和風息？」

上師說道：「王和措嘉，諦聽。在色究竟天（Akanishtha，奥明天）的法界（梵：*dharmadhatu*）中，法身、報身，以及我們所稱的智之覺受壇城，不是由物質身所形成，所以它們沒有基於自現智身的脈，而是五種自然光輝的光界。他們沒有業風，而是具有四種智風。他們的身形是不變的，語是無止息的，而意保持於平等不動的狀態。對他們而言，由於方便與般若無二，所以無須領受秘密灌頂。

化身之中，雖然具有如幻相一般的形體，但智脈的力量強大，並且智風的力道強盛，因此化身沒有煩惱染污，所以只要向其顯示象徵性的秘密灌頂，即可轉爲智身。

有情眾生的形體，則是由無明所成，煩惱脈的力量強大，並且業風的力道強盛，所以必須靠著方便法才能找到智脈與智風。因此，修練脈與風息至爲重要。在修練之後，無明將逐漸減弱而成爲潛藏的狀態，煩惱脈則變得細緻了。當業風獲得淨化之後，整個身體就成爲智壇城。因此，脈與風息的修練非常重要。在擁有人身的時候修練脈和風息，能將人身轉變爲智身。

下三道眾生的智脈與智風，都是潛藏的，因此沒有解脫的道路。大部分動物的身軀都是面向下方，因此牠們的脈與風息是遲鈍且無聲的。大部分餓鬼的身軀是橫平的，因此具有貪求的脈與風息。大部分地獄道眾生的身軀是頭向下的，因此具有苦惱的脈和風息，因此，下三道眾生並非適合接受口訣教言的法器。

人的身體之中，有四分之一的脈與風息屬於智的類型，因此，要堅持不懈地修持脈與風息！」

大師如此開示。

他們又問道：「大師，請您垂聽。接受智慧灌頂時，提升清淨明點的意義是什麼？」

大師說道：「王和措嘉，諦聽。智慧的意義是經由修練脈與風息而淨化煩惱的業風，使得風息在空脈中能夠平穩地進出，而能生起空性的覺受，這稱爲慧。

這個時候有各種提升明點的方法，例如靠著營養的食物、穿著柔軟暖和的衣服、配戴美麗莊嚴的受用飾品、運用吉祥的寶石，以及結交美好的伴侶。運用這些方法，修行者應該致力於提升清淨明點的方法，正有如向前流至一切乾枯山谷中的泉水。

修行者應該導引清淨的明點上升，有如將水匯入一口美麗的池塘以便灌溉四方，而不要讓明點消散有如劣地中的水。如此將可以阻斷煩惱脈，抑止業風，並促進所有的智脈與智風。

持命力的不壞明點（梵：*bindu*）位於心間的中央，支撐著智壇城。當它引導著清淨明點時，可以增長一切良善的功德，使得身體充滿色彩與光澤，講述的聲音能帶來歡喜，自心變得寧靜而無念。在這時候，如果你將這種狀況與甚深口訣結合，無須費力即可達到不還（不退轉）的境界。即使你就如此任其自然發展，當此生結束時，你將投生到三十三天。

以此方法，你對運用明點而生起智的行爲與活動，可變得嫻熟。修持這個智慧灌頂修道的瑜伽士，如果不具有灌頂與修持法門，將無法圓滿道與地的功德。」

大師如此開示。

他們又問道：「大師，請垂聽。請詳細解釋，完成四種灌頂賜予之後，直指自心本性爲法身，其意義是什麼？」

大師說道：「王和措嘉，諦聽。一般而言，屬於輪迴和涅槃的一切經驗，都是顯相與空性的雙運，而以空性的特質最爲顯著。這整個世界——上方、下方、四方、四隅——都是在虛空的空衰之中。在這之間，大地、山岳、岩石最終都將毀壞化空。月亮的盈虧與四季的轉換，也都是空性的象徵。

一切有情眾生與有生命的形體都會生，也都會死。與具有色身的眾生相較起來，沒有色身的眾生更是眾多。不僅如此，證得涅槃意味著在空性的法界虛空之中得到解脫。如此，萬事萬物化空，因此一切顯現與存有的事物都是空性的狀態。因此，不要執著或攀緣於二元對立的狀態。在無所執著的狀態下，安住於了悟空性不屬任何類別的大周遍狀態之相續中。安住於沒有任何意念造作的狀態中。

要確知，空性是絕大多數教言的要義。從最初一開始，這就是所欲見地的不共功德。如果你無法了解空性的意義，你將使自己落入對六聚所感知對境的攀緣之中，而繼續在輪迴中流轉。如果你能確信空性的本性，就中斷了輪迴之流，而顛倒幻相將完全淨化。另一方面，如果你誤入空性觀點的歧途而非了解眞實的空性，或者無法了解平等性的狀態，反而放逸而落入怠惰的狀態，便沒有任何比如此誤解空性來得更嚴重的歧途了。因此，要仰賴上師，向他求得甚深口訣的要點，並努力不懈地修持。」

大師如此開示。

他們又再問道：「大師，請垂聽。請為我們詳細闡釋，賜予一切灌頂中最殊勝者——覺性顯現灌頂——的意義，以及修持的要點和掌握覺性的意義。」

上師說道：「王與措嘉，諦聽。前面提到的四種灌頂是漸次而行的，循序度過各種地和道，無法在頃刻之間覺醒。漸道的教言是由化身佛為了利益有情眾生而教導的。

覺性顯現灌頂是由自性即自然圓滿的佛陀所傳授，他們由色究竟天法界化現諸多慈悲的化身，他們教導覺性顯現灌頂，是為了令最有福報者能當下覺醒。因此，如果沒有領受覺性顯現灌頂，便無法獲證佛果。

過去一切諸佛，都是在領受覺性顯現灌頂之後而覺醒的。現在獲得證悟的每一個人，也是在領受覺性顯現灌頂之後而覺醒的。而未來獲得證悟的每一尊佛，也都將在領受覺性顯現灌頂之後而覺醒。除非你得到這個灌頂，否則便無法獲得證悟。」

三昧耶。ꔀ 封印，封印，封印。ꔀ

12 修持增上的徵兆與次第

取自蓮花生大士的《圓滿解脫大一斷》仁千林巴取藏

禮敬受加持的覺性智慧尊。

於大圓滿最密與完全的解脫中，
若無這些在獲得果位上必然顯現的修道增上徵兆與次第，
你就與凡夫無異，而你的修持便是無用。
因無修持徵兆顯現時，你的精進會衰退，
故此講述徵兆的教文極爲重要。
吾兒，此爲修習法性者
於修道上的徵兆。

當一個人堅毅不懈地修持時，有兩種指出其將迅速獲證修果的道上徵兆：不確定的與確定的徵兆。不確定的徵兆稱爲基本徵兆，它因個人的宿緣而出現，即使這個人尚未做過修持。由於這種徵兆是不可靠的，我在這裡便不多說明。

確定的徵兆由修持而顯現，分爲兩種：暫時的與不變的。暫時的徵兆可能實際生起，或者成爲心境而出現。第一種是在你修持加行（前行）或分離修持（separation practices，可能是指分辨輪涅）時所發生的，你的身體感覺像是即將崩解，有如房子的牆面搖搖欲墜一般，你的聲音感覺沙啞，有如筋疲力竭時一般，或者你強烈的顫抖，有如著魔一般。這些徵兆顯示，你已經分離了輪迴與涅槃。心境則是不再著迷於輪迴的身、語和意，這些徵兆顯示你已經清淨三界的遮障，並且與輪迴分離了。如果沒有這些徵兆，表示尚未獲得覺受，因此須不斷重複修持。

眞實的徵兆——基於疲累虛脫的身、語、意——則是身感受到大樂，語想要大聲說話，意體驗到一切爲虛空。你感覺：「什麼也不存在！」並且對於無法和你有相同了悟的眾生懷有悲心。同時，你也將產生對佛法的熱誠。心境方面，你忘記自己有軀體，不會注意到呼吸，且意念上不想離開那無念的狀態。你想著：「就是這個！」這些是在涅槃方面於意念上獲得穩定的徵兆。若是沒有些徵兆表示，就你的修行尚未純熟，因此應繼續精進。

上述這些都只是暫時的徵兆，它們會變異且不可靠。

接下來是正行（主要修持）的徵兆，也就是經由見地而實際確立本覺的徵兆。實際的徵兆爲你和他人都看得見的，你不再著迷於自己的身、語、意，且對此生的活動喪失興趣。你的語有如瘖啞的人。心理上，你對輪迴的事務感到厭倦。你對上師感到深切的虔敬心，且對一切眾生的悲心湧現而使你流下淚來。你深信於行爲的後果，並盡力捨棄惡行而做善行。心境方面的徵兆，包括身體的輕安，有時候甚至忘記有身體，沒注意到呼吸的進出，且意念上感覺一切事物都沒有實體且短暫易逝。這些徵兆都會變異且不持久。

有持久價值的徵兆如下。在見地的廣空之中，當覺性完全赤裸裸地呈現，毫無波動，並且不將覺受投射爲「他物」，那就是已將覺性穩紮於法性之中的徵兆。已經了解這點的心境徵兆爲，無論你的注意力轉向何處，你了解並且了悟，它是你自己的心，你看見念頭是自行展現的，投射出去又折返回來，且你了解念頭完全沒有實質，有如虛空一般。這些是已經藉由見地而確認顯相即是心的徵兆。

即使在夢中也能覺察這個，便是已達到最高穩定程度的徵兆。如果保持下去，七年內你將證得化身的境界，你的軀體將會消失。如果在夢中無法覺察，你將在臨終的那一刻得證。因此，要堅持不懈地修持，這是最上等根器者的行止。

接著是實際體驗了悟境界的徵兆。在你的身、語、意之中，實際的徵兆為身體輕盈而有活力，語音清晰並且甚至能夠表達從未聽過的教法，有時候心有某種程度的神通力。你看一切都是清澈透明有如彩虹，有時候充滿身形與圓圈，有時候變成空無所有且沒有參照點。隨著你對上師的虔敬心愈加深切，且對業報的關注愈趨放鬆，你會感到身體發光，有時候身體消失，你的語音無作意的如空谷迴音般述說，你的心清明而大樂，且不投射任何事物，不時變成空蕩蕩的且不形成任何意念。所有這些情形都會變異且不可靠。

不變的徵兆如下。你不再將任何覺受攀執為堅固的現實，反之，一切都是透明光輝的展現。萬事萬物皆顯現，但沒有堅固的參照點或攀執。了悟此，即是經由修行的覺受而確立心本身爲空。若是在睡夢中也能覺受到這個，即是已達到最高程度的穩定性。如果保持下去，三年之內，你的軀體將會消失，你將證得報身佛的無實體智身。

接著是這空性任運無礙地自解脫的徵兆。在身、語、意方面，實際的徵兆是對身體沒有執著，例如不畏懼水。此外，你自己和他人會親眼目睹到過去未曾見過的殊勝相好①。只要將意志轉向他人，你的語音就可以表達出利益他人的法教。你的心中會生起無漏的神通。

禪修心境的徵兆是，你既不記得，也不會去想到要攀執自己的身、語、意。不論覺受到什麼，都是空闊的，並且你不將其視爲眞實。此外，你覺得自己彷彿可以自由穿越岩石和山岳等。

不變的徵兆如下。不論覺受爲何，你既沒有概念性的焦點，也沒有要採納或拒絕的企圖。反之，因不視其爲眞，它便解脫了，如此，不論白天或夜晚，你也無須去記得它，顯相與空性自然解脫成爲無二。這就是已經藉由任運行止確立自解脫的徵兆。

當睡夢的迷妄終止時，你便已達到最高的穩定狀態。如果繼續保持下去，一年之中，你的軀體將會消失，你將證得無餘法身的境界。

之後，這自解脫臻至究竟——任運自現之果的徵兆，只有在他人的感知中會顯現，而在你自己的感知中，道上各種增上的徵兆與跡象都已經停止。這個狀態稱爲法性窮盡相，意思是指顯相來去的力量已經止息，而空性的寂止功德亦不復存。因此，顯相與空性無二的本性，不會以任何方式有所波動或變化。反而，有一種超越分合、自然覺醒的功德特質——非戲論的現前，沒有任何拆解的無有——是離於攀執、完全赤裸的覺知空性狀態。在他人的感知之中，由於本覺周遍力用的無礙般若也現起，因此利益眾生的色相之身（梵：*rupakaya*）便任運開展。

相應地，由於事物的基本自性是周遍一切的，除非本有覺性的道上徵兆已經達到最完滿的程度，否則我們並無法得知，何時已達任運自現之果，而何時修持已變得自

①殊勝的相好（marks，標記），指的是莊嚴無上化身佛之身的三十二大人相與八十種隨形好。

以爲是且懶惰散漫。因此，這個增上徵兆與次第的導引實屬極爲重要。

沒有它，你對空性的執著無異於你對共乘的執著。
有了它，你會爲了實現自他的目的而迅速證果。
經由金剛薩埵的加持，它從極喜金剛的心中生起。
極喜金剛納受吉祥獅子，又由他託付給我蓮花生。
願具業緣的堪爲法器者值遇此教法。
對於具邪見的不堪法器者，要將它藏起。
當合適的受法者出現時，要賜予這個究竟的傳承。
此經教傳承具有嚴謹之封印。
欸瑪，這讓人讚歎而崇高的教法，

意伏藏的精華，埋藏於盧都（Ludü）的腹中，
託付予貢波納波、巴千❶、空行母們，
以及忿怒護法眾、教法守護眾，以及寶藏主們。
守護它，好好保護這些教法！
三昧耶。ཿ封印，封印，封印。ཿ
薩爾瓦　芒噶蘭。（願吉祥圓滿、善德增上）ཿ

❶原文為 Güngpo Nagpo 和 Palchen，譯名並不確定。

13 有關臨終證得佛果的指導

國王同時再一次向蓮花生大士頂禮，並在他的四周繞行。之後，他向蓮師請示：「大師，我是個信心薄弱但財力雄厚且聲名遠播的王，而〔我周圍的大臣們〕反對並敵視佛法。我不是仁者，而是相當邪惡。我喜好娛樂消遣，一點也不心向修行。我只熱衷於這一生的事物，甚至不害怕來世會墮入下三道之中。請您悲憫我！乞求您賜予我在臨終時證得佛果的教言。」

國王說完之後，他以極大的虔誠心低下頭，哭泣起來。大師顧念他而取出最精華的教言，給予了以下開示：「欸瑪后！你打從心底生起信心，這是最美妙的。陛下，不要懼怕臨終的時刻。我有密咒乘捷徑的教言，藉此，即使大罪人都能在他人之前獲證佛果。這是避免進入中陰的教言，陛下，諦聽。

首先，我們因爲無明以及業力的影響而入胎。之後，我們在這土地上停留一段短暫的時間。最後，我們將會死亡，這個身軀將躺在地上，心則因業力的驅使而繼續遊蕩。此心將在六道眾生當中取得另一個身軀，如此繼續在輪迴中流轉。

即使我們能獲得長壽而活到一百歲，其中有一半的時間是用來在夜間睡眠，有如一具屍體一般。做夢時，我們歷經種種的快樂與痛苦。所以，醒著的時間加起來，最多不超過五十年。

在我們從母親那裡出生之前，我們就已經自然擁有死亡。但即使如此，人們不記得他們會死亡這件事情，而去做各種貪愛與憎恨的行動，好似他們永遠不死一般。

死亡不會在預先宣告的時間來臨，死亡何時降臨是不確定的。死亡的方法有很多種，當死亡無可避免的時候，那一天就來到。

陛下，諦聽。有三種死亡的方式：上等，中等，下等。

●如國王般的死亡，是像您這樣的人，在死亡時仍然貪戀著他的領地和財物，這是下等的死亡方式。在臨終時，應當離於貪執。

●如乞丐般的死亡，是死亡時對物品器具毫無眷戀，這是中等的死亡方式，也被稱作如山鹿般死亡。

●孤獨的死亡，死亡時連關於貪著或攀執的想法都完全沒有，是最上等的死亡。

陛下，諦聽。在臨終的時刻，有三種證悟的方法。

●下等根器的人已經積聚了〔福德與智慧〕資糧，將在下一生中證得佛果。

●中等根器的人已經熟習修持的方法，將在中陰當中證得佛果。

●上等根器的人已經獲得證量，無須經過中陰即覺醒而證悟。

這個特別的教言，是不經中陰即證得佛果的教言，是密咒乘的捷徑。我以三個要點傳授你這個根本教言：

●信解一切外在所知對境的體性，其根本是虛空的本質，如此您便淨空了外在的六道，並且從六道眾生受胎的根源中解脫。

●信解內在能知者的體性，其根本是空明之心的本質，如此您便淨空了內在眾生的胎門，並且從各種投生的根源中解脫。

●了悟無明從未生起過，因此而信解現象的根源，如此您將從善惡的根源中解脫。

這是三個要點的教言。」

國王問道：「大師，我如何信解外在能知對境的根源是虛空的本質？我如何淨除外器世界中六道的投胎根源？」

大師答道：「陛下，諦聽。『外在所知對境』是指什麼？現下的顯相包括了如須彌山和四大洲一般的三千大千世界。在我們的經驗中，它們看起來就是泥土、石頭、山岳、岩石、樹木、花草、森林，這些是未開悟眾生的錯誤感知。

《密意總集經》（*Scripture of the Embodiment of the Realization*）中提到：

即使是某物的單一本質，
所見方式有六種謬誤的和一種眞實的。
錯誤的則有兩種。

以水爲例：天人看它是甘露，阿修羅看它是武器，人看它是水，畜牲看它是飲料，餓鬼看它是腐敗的膿血，地獄眾生看它是沸騰的銅汁，但實相上它並不是這些，因此有六種謬誤的見解。

有兩種觀點應視爲錯誤。抱持著常見的邊見者宣稱因和果都是恆常的，所以人死後會再投生爲人，馬死後會再投生爲馬等等。抱持斷見的邊見者則宣稱身體將融入四大，心則融入虛空，現在的活動不會造成任何後果，死後沒有轉世投生。這兩種都是錯誤的觀點。

那麼，實際的情形是什麼呢？實際的情形是，現象什麼都不是，也完全不是可在心中憶持的事物。至於眼前這些岩石、山岳、森林、樹木、花草等顯現，不要相信它們是任何東西，也不要認定它們是任何東西，完全不要。不要否認顯現的事物，也不要認定它們是存在或不存在。它們的顯現是自然的顯現，它們的空性是自然的空性。有如虛空的體性一般，讓它們的體性是自然的空性，讓它們的顯現是無我的自性。

當你不去理解這些對境的顯相時，你便不會生起攀緣或貪執，如此，你斬斷了外器世界的根本。由於已經脫離六道中的投生，你已經淨空了六種因。爲何如此呢？因爲六道眾生的經驗是個迷妄。脫離這個迷妄時，六道的對境的顯現便無處可見。」

國王問道：「信解內在能知的心其根本是空明的本質，此意義是什麼？」

上師答道：「陛下，諦聽。已然信解內在能知的心其根本是空性能知，且淨空了內心的胎門之後，就稱爲解脫投生的根本。

『內在能知的心』，意思是什麼？它包含〔內在的心、〕父母與伴侶、手足與子嗣、敵人與朋友。那麼，能知者本身是什麼？能知者是具有七情六慾的心。信解這個心是什麼之後，這個心無法被證明是任何東西，但它也不是全然空無。

尚未了悟這個心的時候，這個造作一切的心會爲你製造災難。了悟這個心——混亂思緒的思考者——並信解這個心之後，它就是無拘無束的能知。這就稱爲了悟心性。無法證明它是任何事物，就稱爲法界，一切事物的基本虛空。雖然能知，但它是毫無阻礙的覺知。雖然可以感知，它是無法被證明爲任何事物的空性。當你不將所知的對境理解爲父親或母親時，你已經耗盡攀取（爲因）與執著（爲緣）。因此，你已經不再有從六道眾生胎門投生的恐懼。」

國王問道：「了悟無明的無生是必要的。『無生』是指什麼？」

上師答道：「了知無法證明心性擁有任何本質，並且完全沒有任何造作的特性，這稱爲『了知生起爲慧』，也叫做『自己認清自己』，也稱爲『了悟無生之諦』。事實上，要信解你眞實的本質，因而你便脫離善業與惡業的現象。不論你造了多少善，你毫無對佛果的希求；不論你造了多少惡，你毫無對下三道和地獄的恐懼。於此（了悟）之中，既沒有業，也沒有業的成熟。

這不是幻想、信念或捏造，所有神聖的法語都確認之，如同《大般若經》中所說：『於彼諸法空性中，無業亦無業異熟。』此外，《百五十理》（*The Hundred and*

Fifty Modes）中說道：

正如鮮紅之蓮花
毫無不淨之染污，
萬法空性之自性
安住無業之過染。

《廣大界》（*Great Expanse*）中提到：

若受業所制，
則非本有智。

《金剛須彌殿》（*Vajra Meru Mansion*）中說：

我無我，他無他。『二者』無二者，『二者皆無』亦無二者皆無。『二者皆無』無無窮盡。因其非實且爲意所作。

《智海請問經》（*Sutra Requtested by Wisdom Ocean*）中說：

這些大乘佛經不同於世間法。何以如此？因一切有情眾生並無連續不斷的期程。因為如此，所以當你認清一切都是自心的迷妄時，你已經信解事物的自性，並且脫離善惡的根源。」

國王問道：「大師，如何才能不經過中陰，而在死亡時覺醒證悟？」

大師答道：「陛下，諦聽。具有最高心智的瑜伽士，並不去憂慮外在所知的對境，因此他斬斷對顯相錯誤的見解，並讓顯相自行消融，在中陰當中不再經歷所知對境。如此，外器世界便不再現起。

內在能知的心，並沒有能以任何方法證明的體性，輪迴就自行消融。由於中陰裡沒有意生身，通往六道眾生的胎門便淨空了。由於脫離投胎的因，法性便自行消融了。

當這個瑜伽士離開身軀時，他與覺性的虛空相會。對他而言，善惡業的驅使力已經消耗殆盡。」

國王問道：「大師，這樣的瑜伽士如何展現三身之果？」

大師答道：「由於法性的根基超越言語及描述的範疇，非任何事物、如虛空一般的相續，稱為法身果。在初地至十地菩薩的經驗之中，由這虛空般的相續，亦即法身，顯現出如雲朵般而具有佛三十二相、八十種好的莊嚴報身。化身則有如雨水一般，以無數無量的化現，透過各種必要的方法，利益需要教化的眾生。《秘密藏續》中提到此：

在空性天空的相續中，
他們成形，有如雨雲。

藉由如雨一般的降下，
他們滋養綠草和森林。
同此，由不可思議的法身，
此乃三瑜伽所了悟的境域，
顯現一切報身，
此乃大乘菩薩的境域。
由彼顯現化身，
此乃一切具福報者的境域。

這是三身之果的顯現方式。」

大師對國王做了此次教言的總結：「陛下，請您了解。沒有時間可以浪費！要修習對此甚深法性本性的體驗！即使您了解深奧的意義，也不要停止依緣的善行。不論您做什麼，都以不持念想作爲封印。

如果您向他人揭示這個教言，它會成爲錯誤觀點的基礎，因此不要宣揚，而將它藏起來作爲伏藏。在這個時代結束時，王啊，您將再次與它相會。」

蓮花生大士如此說出敕令而封藏教言。國王極爲歡喜，在那一刻，他的覺性解脫於本然狀態之中，國王對大師的感激無以名狀。

這是密咒乘的捷徑道，令大罪人在他人之前覺醒證悟的教言。

14 五種中陰

南無　咕如。（頂禮上師）

聖號爲蓮花生的大師，非由母胎出生，而是由蓮花中瞬間湧現。他離於對死亡與遷轉的恐懼，已經斬斷了生死之流。他的證量等同於吉祥的普賢王如來。

卡千公主措嘉佛母所追隨與承侍的，正是這位大師。有一次當居住於晶珠松嶺時，佛母向大師問道：「大師，有情眾生因爲無法跨越中陰狀態，而受困於生、老、病、死的四大瀑流之中。請問有幾種中陰狀態？」

上師給予了以下教言：「措嘉，輪迴三界中的有情眾生因爲尚未斬斷中陰狀態，所以在三界之中不斷地投胎流轉。

當你處於五種中陰狀態時，應該：

● 有如迷路的孩子與母親重逢一般，在生處中陰時，認出究竟界。

● 有如愛慕虛榮的女孩攤鏡自照一般，在三摩地中陰（禪定中陰）時，認出你的自性，使得不清明的能得以清明。

●有如河川中的流水，在睡夢中陰時，將習氣（與三摩地）串連起來。

●有如將斷裂的水管重新接起一般，在生死中陰（臨終中陰）時，持續覺受。

●有如在暗室中點亮油燈一般，在受生中陰時，與餘業（殘業）連結。

除非斬斷這五種中陰，否則你沒有機會斷絕輪迴的根源。」

措嘉佛母向上師問道：「在生處中陰階段，如何有如迷路的孩子與母親重逢一般，對認出究竟界獲得信解？」

上師答道：「在生處中陰認出究竟界，就有如迷路的孩子找到自己的母親，並認出她就是自己的母親。以同樣的方法，認出你自己的自性就是法身。

對此取得信解的方法有三種：

●首先，由不變的空性，確立法身是本然的狀態。

●其次，由無偏頗的個人覺受，確立覺性是顯現的狀態。

●第三，由無作爲的大樂，確立本覺爲它們的無二。

首先，〔由不變的空性，確立法身是本然的狀態，〕有七種功德。首先它不是由因所生，第二，它並不依緣而滅，而是本自即有的。它不是由人所造，並無實質。它不是暫時的發生，乃超越了常邊與斷邊。

〔其次，〕顯現狀態的覺性有兩方面：迷妄的外顯，以及覺性的內顯。

迷妄的外顯是如何生起的呢？從覺醒心的自行了知（本明）狀態中——有如天空般無造作的本然狀態——出現因無明而生的貪求與執著雲層。在這情形下，眾生進入母胎，投胎轉世而擁有了五蘊身軀，五大由此顯現，五毒煩惱由此生起。由這五毒又顯現五種疾病，造成眾生的死亡。由於死亡，而在六道眾生之中流轉。

覺性的內顯是如何出現的？它們顯現爲自行解脫，而非執持於心，沒有實質且離於攀執。無明由此而開始顯露爲覺性，五毒生起爲五智，而五大達到平衡。藉由斬斷對五感官對境的謬誤想法之後，你遏止了對五種中陰的攀執，認出疾病與痛苦都已然平息，將五種負面力量轉變爲助力，阻斷地獄之門，並跨越六道眾生的深淵，這一切都在同一時刻發生。

第三點是由無作爲的大樂確立本覺爲無二。你可能會納悶，諸佛與有情眾生，涅槃與輪迴，顯相與空性，是否變成分開了。諸佛與有情眾生沒有時間先後的二元性，輪迴與涅槃沒有或善或惡的二元本質，顯相與空性由於是不可分的，因此在自性上沒有二元分別。因此，它們是無作爲的大樂。

這時候，務必要以離於攀緣的四解脫口訣教言而獲得解脫：

- 無偏頗的親自覺受，使你從攀緣於毀謗空邊而解脫。
- 不變的空性本質，使你從攀緣於常邊而解脫。
- 它們的無別雙運，使你從眞假交替的攀緣中解脫。
- 它們無偏倚的根基，使你從猛然落入一邊的攀緣中解脫。

以下是由『六種認出』作修持的教言：

- 認出顯相爲心。
- 認出心爲空的。
- 認出顯相與空性超越二元分別。
- 認出此無二爲大樂。
- 認出此大樂是無念。
- 認出此無念是法身。

接著是透過『六種封印』與法性之母相會的教言：

- 對顯相付予空性的封印。
- 以顯相封印空性。
- 以顯空無二將顯相與空性封印。

●以大樂將此無二封印。

●以無念將大樂封印。

●對無念付予不變法性的封印。

以下是如何透過『五種決斷』的教言加以信解：

●決斷法身從一開始就在你之中，因此不是可尋獲或可達成的事物。

●決斷苦、樂皆爲法身，因此不是要拒絕或要接受的事物。

●決斷法身爲不生不滅，因此超越因、果。

●決斷法身超越『是』與『非』的參照點，因此不會受到增（誇大）或損（毀謗）。

●決斷法身非由創造，並且相續現前，因此不是由念頭所產生。

接著，了悟見地的功德如下：

●你重返智之本處，與法性之母相會。
●你認出勝觀之行的大樂而自然消融概念意想。
●你達到般若（慧）的自然圓滿。
●你的見地沒有任何的限度。

由於返回智之本處，不論聽取多少的教法，你都知道，沒有比顯相與空性（雙運）更高的教法了。你認識到並了解，這與你自身沒有分別，由此了知這其實就是你自身的體驗。透過認清一切都是法爾如是，使你與法性之母相會。

雖然眼根的對境顯現為視覺的形式，但在你經驗到它們、雖然看見卻了無攀執著的時刻，你的概念便自然消融。在你如此經驗事物的那一刻，你從內在找到了本覺、法性與大樂，並且理解了證悟之行的大樂。

這個大信心見地的教言也稱為『勝者不變法嗣的見地』、『指認魔鬼與竊賊之迷妄的基礎』、『確認輪迴之始與之終的教言』，以及『認清自心本性為法性的教言』。

這個見地的所有教言，可譬喻爲一位母親其迷路而走失了的獨子。在這孩子的父親往生之後，母親投靠了新的丈夫。日後，當孩子與母親團圓時，母親認出了孩子，孩子也認出了母親。同樣地，在了悟法性自性的那一刻，你認識到諸佛與有情眾生這兩者、輪迴與涅槃這兩者，以及顯相與空性這兩者，從一開始就是不可分的，是法性一界。在生處中陰時，明確信解這個見地，就是認出究竟界的教言，以及迷路小孩與母親團圓的教言。」

他如此說道。

措嘉佛母向上師問道：「在三摩地中陰時，如何使晦暗不清的心變得清澈明朗？」

上師答道：「使晦暗不清的心變得清澈明朗，有如愛慕虛榮的女子攤鏡自照一般，這是禪修的教言。舉例來說，就像那愛慕虛榮的女子一樣，每天早晨、中午、晚上都要攬鏡自照，瑜伽士應該在三個時間當中，向內看著自心並且修練。

這有兩個重點：如何安置身體的姿勢，以及如何安置專注力。

首先，在座上禪修時，要使身體保持直挺，採取平等捨的坐姿。頭略爲前傾，視線沿著鼻尖的角度向下凝視，舌頭抵著上顎。雙手覆住膝蓋。白天活動時，（將以下教言）融入行、住、坐、臥當中。

其次，安置自心的方法，是超越有所安置事物的大安住。在持續不斷地了悟見地之中，放鬆而不約束你的感受①。身心皆不用巧技，認知但不攀執。認出法身，但只要保持此認出，而不要執持『這是法身』。要在無誤之中修練，長時間地修練，不間斷地修練，帶著喜悅而修練。

『無誤』是指在不間斷地了悟見地的同時，練習接納事物的本貌，但心中不執持它是那樣的想法。這是平等不動的狀態。

接納事物本貌的意思是，認可有大樂、覺醒性、無念覺性，以及覺醒性的遊戲，但同時不執持有大樂、覺醒性、無念覺性，以及覺醒性的遊戲。如此，了無攀緣、不執持任何事物存在的覺性，便自然顯現。

這類禪修練習有六種敵人②：昏沉與掉舉、〔四種散逸〕、恆常（常）與空無所有（斷）。如果發生昏沉的情形，完全避免在心中執持它，這稱爲『〔消融〕昏沉與怠惰於法身』的教言。如果無法做到，那麼就一面振奮精神，一面繼續修習。

掉舉包括害怕掉舉的恐懼、『我一定要控制這掉舉』、『我必須保持不受干擾的念頭等等。當你認出掉舉是你自己的心時，就稱爲『封印掉舉於法性之中』。看不出有受掉舉者——任何必須加以制止、看守或淨化的事物，並認識到這就是你自己，就稱爲『帶引念頭入法性之中』。這是克服念頭紛飛的方法。

如果你無法這麼做，那麼以下是收攝散亂狀態的教言：只要練習將心安置在其無

①「在持續不斷地了悟見地之中」也可以說成「當見地成為實證時」。
②藏文在此處似乎有不一致之處，雖然說有六種敵人，但實際上卻提到了八種。

造作本質之延續中。

此外，在練習當中會發生四種散逸的狀況：

● 逸入一片空白的概念意想之中，這是指你的心逸入茫然不知的狀態。
● 逸入心不在焉的『止』，這是指你的心停滯了，以致於察覺不到法性的自性。
● 逸入心的預警模式，這是指你想要維持住不思考的狀態。
● 逸入煩躁的概念之中，這是指你的心持續混亂不安且退縮不前。

這是四種散逸。爲了淨除這些過失，不要將你的心導向這些散逸的方向。

你的本質不是恆常的，因爲它有空性爲印。它也不是斷見的空無一物，因爲它是覺醒且沒有束縛的。它不是某個可以證悟的東西，因爲它一直都是法身本身。對（持續）輪迴沒有恐懼，因爲輪迴已解脫成爲法身。一旦念頭被運用爲覺性，而痛苦萌現爲智慧時，便沒有要淨化的任何事物。

當你知道如何以這種方式修持時，你就是無誤的。練習延長這樣的修持。不中斷而愉快地練習。當你熟習這種修持方式之後，過往攀執的習氣將會減少。透過這個修持的力量，將會生起明性、大樂，以及無身體感受的覺受。

若是沒有這樣的訓練，你將無法切斷時時刻刻的迷妄念頭，且無法中斷過往攀執的習氣。因此要徹底訓練，片刻都不讓心與法性分離，有如一面不爲風所吹動的大旗一般。

此外，正有如愛慕虛榮的女孩攬鏡自照，檢查自己的面容是否有任何瑕疵一般，隨時不斷地透過三摩地的修持，檢視你的見地與行止當中，是否有任何昏沉或掉舉的過失。這就是在三摩地中陰時修持的教言。」

大師如此說道。

措嘉佛母向上師問道：「在睡夢中陰時，如何像河川中的流水一般，將習氣（與三摩地）串連？」

上師答道：「這是對行止的教言。正有如穿流不息的河流，這是將你當下的三摩地狀態與睡夢時的心融合為一的教言。

對此，有三個要點：

● 以教言的方便而融合，
● 以活動的方便而融合，
● 以及，以五大元素的方便而融合。

首先，以教言的方便而融合，練習體驗睡眠即是大樂與空性的無二無別。這又有三個要點：

● 收攝覺性，使覺性專注③。
● 彎曲四肢，使身體專注。
● 使兩者保持專注，方法是在習氣大量湧現的時候，讓夢境的迷惑一直不離於大樂空性的覺受。當未涉入習氣的時候，讓正熟睡的覺受一刻都不離於禪修的覺受。

當你處於這種情況時，就已經掌握了此一中陰。

對於以五大元素的方便而融合，當你即將進入睡眠的狀態時，這是地大融入水大。當意識開始下沉時，這是水大融入火大。在這個時候，修習大樂空性。

當意識變得模糊時，這是火大已經融入風大。這個時候，也要修習大樂與空性無二無別。

當你完全入睡之後，風大已融入意識之中。在那個時候，修習大樂與空性的無二狀態。

當睡眠寧靜而無夢時，意識已融入明澈的覺性之中。這時候你安住為寧靜大樂的空性，離於一切思惟的無生狀態。若修練到如此狀態，你已經掌握了此一中陰。

---

③通常的指導是要專注於某一個脈輪之內而融入。

對於以活動的方便而融合，強力專注於『我將認出夢之爲夢！』這樣的企圖之上。此外，在白天修持時，保持一切如夢的想法。要接受一切現象都是夢，一切苦與樂都是迷妄。心中記起先前的禪修覺受。

當你的修行已經進展到睡夢與甦醒沒有差別時，那麼由於做夢與中陰相似，你將能夠透過練習上述的義理而切斷中陰的狀態。

此外，就像河川的流水不會中斷一般，你應在白日、夢中，以及其他所有時間都不間斷地修練。這是宣說睡夢中陰時的行止教言。」

大師如此說。

措嘉佛母向上師問道：「在臨終中陰時，一個人如何接續他的餘業，就像把斷掉的水管重新接起來一般？」

上師答道：「在臨終中陰時，有如將斷掉的水管重新接起來那般，接續一個人的餘業，這個教言有兩個部分——以另一個事件來提醒，或者是了悟者自我提醒。

前者是由這個人的上師或法友給予以下的提醒：

心性是不生也不死的，它是你自己的心。當地大消融的時候，你的身軀已無法支撐自己，因此感覺非常沉重。當地大融入水大時，你的吐氣會變得遲緩，吸氣會變得淺薄。當水大融入火大時，你的口鼻會變得乾燥，呼氣和吸氣都會變得短促。當火大融入風大時，你的意識會變得不清楚。當風大融入意識時，你的呼吸便停止了。這個時候你應該提醒自己保持專注。因此，身心兩者都要專注，不要受到外在狀況的影響。

所謂的死亡是你自己的想法。雖然你卸下了血肉之軀，心，卻是你永遠無法卸下的。提醒自己，先前見地的意義以及禪修的意義。

在這個時刻，就像將斷掉的水管重新接起來一樣，在先前的時刻過去之後，憑著你修行的力量，你將與未來的時刻連接，這是於臨終中陰階段延續修持熟悉感的教言。」

大師如此說。

措嘉佛母向上師問道：「在受生中陰時，有如在暗室中點亮油燈而連接餘業的教言是什麼？」

大師答道：「對於這個，如果你是修持密咒乘本尊法的人，你會在此中陰時顯現爲本尊的形相，因而證得大手印持明者的果位。如果你是修持無誤的法性自性的人，你將認出無念狀態是爲法身，由此爲自己和他人證得法身，示現報身與化身以利益眾生。

此外，投生中陰與入睡後的睡夢狀態相似，當你的呼吸停止時，意識立刻進入中陰狀態。在這種情況下，中陰狀態並無改變，乃由於過去的習氣，使你認爲你是有身軀的，因此除非你被引導到究竟的證悟，否則你將墮入六道眾生的深淵之中。

如果藉由修行的力量，不論你是在心中憶念起本尊或法性，而確實阻斷此中陰狀態，你將封鎖六道眾生的居城。由於你沒有血、肉的感受，你將變成心中所憶念的任何事物，並因此中斷輪迴。

有如暗室點燈的譬喻一般，不論瑜伽士的心在何時離開身軀，他都不會維持過去世的身形，而是在心離開軀體的那一剎那證得法身，因此這稱爲在中陰時覺醒成佛。

此外，會出現六種神通，五種煩惱被捨棄了，而萌現爲五智。八萬四千法門同時化現，而你透過報身與化身饒益有情眾生。有如在暗室中點燈一般，你將在一生之中覺醒成佛，也就是所謂的任運圓滿佛果。」

這是蓮華生大士傳授給措嘉佛母的五種中陰教言。願具有宿緣的弟子值遇此法教。

此爲蛇年秋季末月第二日，寫於晶珠松嶺的教言。

寶藏封印。ஃ

隱藏封印。ஃ

託付封印。ஃ

15

蓮花水晶窟寶藏

吉祥獅子（師利星哈）的直接教言

我，烏迪亞那的蓮花上師，
於八歲之時信心覺醒。
我來到上師吉祥獅子面前，
獻上供養並請求賜予法教。

我的上師說：「於三藏之中，修習你的心。」因此，我在金剛座的東方研讀經藏，在金剛座的南方研讀律藏，在金剛座的西方研讀論藏《阿毘達磨》，在金剛座的北方研讀《波羅蜜多》。之後，我來到吉祥獅子的面前，獻上供養，並研讀完整的三藏。

我請求上師納受我。上師答道：「兒啊，你必須先在密咒乘的教法中修習自心。」

因此，我在烏迪亞那國修習三部瑜伽，在薩訶國修習瑪哈瑜伽續部與大圓滿心部，在尼連禪國修習普巴，在星哈國修習蓮花大自在天，在乏蘇答拉國修習事部，在尼泊爾修習大威德，在美汝孜國修習瑪摩，在金剛座修習八大赫魯迦成就法，在朗國夏修習包含父續和母續四部的密集金剛。

在我了悟一切現象只是如夢如幻、不眞實而虛假之後，我來到上師的面前，上師正在對五千五百位群眾說法，其中有不少是國王。當我抵達的時候，上師吉祥獅子問我：「新來的，你要什麼？」

我回答：「我已經廣學密咒教法，現在我想要在您門下領受法教。」

上師吉祥獅子說：「你博學多聞，先是研讀了三藏，然後又修習了密咒乘。現在讓這聚會解散吧。」

然後，他接著說：「你了解一切現象都是虛假的，但這沒有任何幫助。萬事萬物如夢似幻、不實而虛假，這個理解必須融入你的相續之中。若是沒有銘記在心，它就變成只是陳腔濫調，如此無法獲得佛果。」

我說：「若是如此，請賜予我將它銘記在心的法門。」

上師答道：「先獻上曼達！」

我做了一份量的黃金沙曼達並供養給上師。

上師吉祥獅子說：「現在，留在我面前，雙腿盤坐，手持定印，背脊挺直，這是身的要點。

將雙眼朝向寬廣的天空直直看去。這是脈的要點。

收緊下氣並壓制上氣，這是風（氣）的要點。

觀想你肚臍中央的幻化輪中有一個紅色明點，明點中有『欸』（E）字。觀想頭頂中央的大樂輪中有一個白色明點，明點中有『邦』（BAM）字。這是明點的要點。

將心專注在『邦』字上。從『欸』燃燒的烈火融化了『邦』，其後，紅明點和白明點在心間中央的法輪處相融。這是心的要點。

讓白明點和紅明點變得愈來愈小，最後心中毫無一物。這是圓滿正覺的要點。」

我如此修持而生起一些覺受，例如感覺沒有身體，感覺沒有呼吸的進出，感覺可以穿透顯現的事物而無阻礙地移動，以及感覺我是不死的。當這些覺受生起時，我感到自豪並將此稟告上師。

上師說：「受到上師的加持而感到自豪，且認爲這樣就已足夠，這是極度愚蠢的行爲。現在，到寂靜的地方去，不要有任何意念的造作。」

我到一個寂靜處住下，在一年之間盡力不造作任何意念。有一些覺受生起了，例如「空即是顯！顯即是空！顯、空不可分！諸佛與有情眾生無二！即使我造惡，也不會有惡果！即使我做十善，也不會有利益！」的感受。

我對這些覺受感到滿意，並將此稟告上師。上師說：「自滿於禪修覺受，是件愚蠢的事。

如果你認爲顯相與空性是不可分的，那麼你應該對顯相感到無有執著，你是這樣的嗎？

如果你認爲諸佛與有情眾生無別，你對有情眾生的崇敬與侍奉，應該等同你對諸佛的崇敬與侍奉，你是這麼做的嗎？

如果你認爲『即使我做十不善業，也不會有業果成熟』，那麼你應該可以接受他人對你做十不善業——就算這可能令你喪命。你做得到嗎？

如果你認爲『即使我做十善也沒有利益』，那麼當別人修十善而利益你時，你不應有任何喜悅的感受——即使你被人救了一命。你是這樣的嗎？

現在再到寂靜處去，讓你的身體保持有如死屍，語音保持有如瘖啞之人，自心保持有如天空。」

我隨後前往寂靜處如此修持，由此生起八種覺受：

- 不論我的雙眼張開或閉起，都會生起全然清澈、了無內外的明性覺受，顯現爲無別的覺性與空性。
- 空性的覺受，全然開放且空，內外了無攀執，心不停留在任何事物上。
- 大樂的覺受，有如融化的奶油，變得完全自由自在且興高采烈，沒有擁有身軀或心識的想法。
- 對於各種感官感知了無攀執的狀態，但仍受心不在焉的污染。

●覺性的狀態，有如陽光在天空中照耀。
●身體有如薄霧的覺受，沒有色身行爲的對象和實質。
●感覺認識到既無自己亦無他人。
●感覺一切有情眾生對於心性意涵的覺知程度必然與我等同。

我對這些覺受感到歡喜，並將此稟告上師。上師說：「大圓滿中有三種情況：任運現前、不可思議，以及大樂。這三者之中，你的覺受是任運現前，在保持覺受的清新之後，不可思議以及大樂將會顯現。

輪迴令人著迷，而心是容易受騙上當的！不要貪執於禪修的覺受，而是要開展你的心。」

「應該如何開展自心呢？」我問道。

上師吉祥獅子答道：「諸佛與有情眾生毫無差別，唯一的差別在於心量。所謂的心、意識或覺性，都是同一個體性。有情眾生的心是有限度的，諸佛的心則是周遍一切。因此要開展有如天空、沒有東西南北限度的心量。」

我隨後前往寂靜處修持，開展了有如虛空的心量，由此生起以下信念：

●「這個沒有任何念頭的投射或消融、完全保持所被安置的狀態的心，是完全專一的覺性與空性。這正是所稱的專一。」

●「這個心對具體的事物沒有絲毫攀執——完全開放，心不逗留在任何事物上。這正是所謂的離戲。」

●感覺到「還能有什麼別的呢？不論我用什麼方法去看都一樣！沒有任何應捨棄或成就的事情！這正是所謂的一味。」

●感覺到「還有什麼要尋找的呢？不論禪修或不禪修，都是這個！沒有什麼要修持的！沒有要透過禪修去修爲的！這正是所謂的無修。」

隨後，我經驗了強力的了悟覺受：

●再也沒有超越這個的了！

●兩種色身是源於法身，所以這些種種色、聲的顯現就有如火焰和火光！

●氣息的吸吐，沒有前驅的脈動！

●就算什麼都不造作，仍然會有形形色色的表顯出現！

●這有如虛空的本質般不變！

●即使是一絲絲二元分別的心都不會生起！

●這正是它！

我經歷了鮮明、全然清淨、完全開放、遍滿一切的覺受——徹底包容一切、完全自由，且遍滿一切。明性的覺受，感覺有如在空中升起的太陽；空性的覺受，感覺有如虛空；大樂的覺受，感覺有如海洋。我經歷了感覺有如海上浪濤或空中雲朵的各種不同覺受。

當這些覺受發生的時候，我將此稟告上師吉祥獅子。上師說道：「事物本來的狀態是沒有要去體驗的對象，那麼你在體驗什麼呢？那個覺受是什麼？你在得意什麼？我自己什麼覺受也沒有，你的成就已經超出了這個嗎？

你的覺受是與三世時諸佛都不同的成就。固著於擁有覺受，應該被認清是受到魔的引誘。

你所有的覺受都是有意爲之的，是造作的結果。它們仍然會來來去去，它們無法賦予你面對困難的能力，它們只是一條概念不錯的毯子，你尚未打開概念思考的結，這就像是體內有潛伏的疾病一樣，你現在或可能處於大樂之中，但這對你沒有幫助。因爲你沒有深入核心，迷惑的僵屍仍然四處晃盪①。

如果你將禪修的覺受視爲至高無上，你只會沉浸於概念之中，而無法信解見地。如果你讓自己著迷於片段的三摩地——認爲沒有比這更高等的了——並且認爲這是三摩地的圓滿，你將無法斬斷概念思考的活動。你將無法耗盡層層的禪修覺受，也無法清淨無明的塵垢。

每一個禪修覺受，都會讓你短暫的陶醉其中。將它們當成唯一的眞諦，你就是已經受到蒙蔽。由於遮蔽了完全離於貪執與變遷的實相，發生的貪執與變遷已將你這些大樂之果完全轉變爲誤入歧途。

如果你攀緣於明性並將它視爲最高境界，你將達到色界的最高境界。如果你攀緣於無念的空性覺受並將它視爲最高境界，你將達到無色界的最高境界。如果你攀緣於大樂並將它視爲最高的境界，你達到的不過是欲界的最高境界。但是這些都無法使你證得無上正等正覺，大手印的最高悉地（梵：*siddhi*，成就）。」

我問道：「如果是這樣，我應該如何修持？」

上師答道：「收攝你本初的心，然後回來見我！」

我問道：「我應該努力做什麼？」

上師答道：「你要完全投入於任運無作之中！」

①由仁增·果登所取出的伏藏合集《大圓滿自生自顯》（*Dzogchen Rangjung Rangshar*）中，本文有另一個版本。該版本略有差異：「你尚未奪取穩定的王位，因此迷妄的餘燼仍將會突發為大火。」

我問道：「如何無所作而修持三摩地？」

上師答道：「聖子，勿認爲短暫的覺受是最高境界，切勿對它們產生攀緣。不要注視對境，不要注視心。不要涉入許多事務，不要生起欲望。不要心懷需求，不要抱持絕望。讓心完全保持它原本的樣貌。讓心安住於有如虛空的中心。」

我隨後前往寂靜處，完全依照上師的指示修持。過去的覺受變成只是層層的概念且完全消逝了。我了悟到，本然的自心完全沒有任何過失或善德的遮蔽——完全離於了任何禪修對境的基礎或者任何造成困惑的事物。我了悟到，如果修持這本然的心，什麼也不會產生，而如果不修持，便不會有迷惑。我了悟到，這是沒有任何過失的本然心——赤裸而鮮活的覺性。我了悟到這全然的開放、全然的清新、輪迴與涅槃的一切現象都是一味。我將這稟告上師。

上師說：「初始的自性，非和合的法身，正是這清淨與赤裸的本然心，沒有任何要修的事物或產生迷惑的事物。現在，不要被更進一步的渴求遮蔽了你自己！將那老渴求者帶到無欲的境界！

保持在所謂『從未修持且從未分離、從未與超越修持的自性分開』的狀態，你將證得不共與共的悉地。現在，還有什麼困擾著你？」②

我答道：「我的三昧耶沒有過失或後悔，因此沒有困擾我的事。」

上師問：「你不高興嗎？」

我答道：「我只是有一點點不高興。」

「如果你不高興，那你就有希望；如果你高興，那你就有恐懼。如果你有希望和恐懼，你就有二元的攀執，那將障礙無二的大樂智慧，無染污之果。不要把這個想成是過失或善德，堅持非二元對立的修持。從現在起，只要繼續下去，不用再回來看我！」

②另一個版本的內容是：「從此以後，我倆不會再相遇！」我說：「我仍想再見到您，並求您傳法。」「你會因見到我而歡喜、見不到我就不開心嗎？」「如果可以再與您相會，我將會欣喜若狂。」

之後，我在烏迪亞那城修持，心中沒有半點求取法教的想法、供養覺受的想法、善與不善的想法、或者善良或邪惡的想法。我只是去到我去的地方，坐著我坐著的樣子。我變成就像具屍體。③

後來上師來了，他說：「你不向我頂禮嗎？你不向我呈上你的證量嗎？」我答道：「這不是『不』頂禮，而且我連一根髮尖的了悟都沒得供養您，現在就有如鳥兒飛過天際的痕跡一般。」

上師說：「這樣的了悟不要改變，不要捨棄！不要和這了悟分開，想去哪裡就去。行止不要違背三藏，禪修不要違背密咒乘，見地不要違背大圓滿。如滿願寶一般，實現有情眾生的願望。收留無數值得教化的弟子。雖然你沒有欲望，但要隨時供養上師眾、本尊眾與空行母眾。你將成爲八部天魔所承侍的對象。」說完後，他就離開了。

從此之後，我將一切如夢如幻，以及心乃超越生死的事實銘記在心。我在淨觀中看見八大赫魯迦成就法中的本尊眾，八部天魔成爲我的僕役，我遊走印度許多地區而利益眾生。

稍後，當〔赤松德貞王〕建立桑耶的時候，八部天魔造成障礙。我告訴他們：「不好製造障礙，因爲王意有如黃金一般殊勝！」

天眾和魔眾反擊道：「大師，您爲何不自己來到這裡！」

所以我親自到了雪域，在途中我遇到了信使。④

我，烏迪亞那的貝瑪（蓮花），
追隨上師吉祥獅子。
這，他最後的教言，
使貝瑪我，解脫了。

③《大圓滿自生自顯》（*Dzogchen Rangjung Rangshar*）中的版本是：「不論生起什麼感知，我都不再形成任何的論斷，就有如被丟棄在屍陀林的屍體一般。」

④赤松德貞王派遣前往迎請蓮花生大士入藏的信使們。

非由三藏或密咒解脫，
而由此秘密教言解脫。
願一切堪為法器者也藉此解脫。
願此最後的直接教言——
上師吉祥獅子的教言，
與過去有修而堪為法器者相遇！
此封藏於蓮花水晶窟。
我將它託付給你，香波，⑤
以免不堪受法者前來。
這世上再沒有其他像這樣的教言了。
三昧耶。ஃ
封印，封印，封印。ஃ

託付封印。꞉

秘密封印。꞉

噫啼（ITHI）。꞉

⑤達拉．香波（Dakla Shampo）是西藏的一種本地精靈，他發誓守護蓮花生大士的伏藏教法。

橡樹林文化 ❖❖ 善知識系列 ❖❖ 書目

JB0001	狂喜之後	傑克・康菲爾德◎著	380元
JB0002	抉擇未來	達賴喇嘛◎著	250元
JB0003	佛性的遊戲	舒亞・達斯喇嘛◎著	300元
JB0004	東方大日	邱陽・創巴仁波切◎著	300元
JB0005	幸福的修練	達賴喇嘛◎著	230元
JB0006	與生命相約	一行禪師◎著	240元
JB0007	森林中的法語	阿姜查◎著	320元
JB0008	重讀釋迦牟尼	陳兵◎著	320元
JB0009	你可以不生氣	一行禪師◎著	230元
JB0010	禪修地圖	達賴喇嘛◎著	280元
JB0011	你可以不怕死	一行禪師◎著	250元
JB0012	平靜的第一堂課——觀呼吸	德寶法師 ◎著	260元
JB0013	正念的奇蹟	一行禪師◎著	220元
JB0014	觀照的奇蹟	一行禪師◎著	220元
JB0015	阿姜查的禪修世界——戒	阿姜查◎著	220元
JB0016	阿姜查的禪修世界——定	阿姜查◎著	250元
JB0017	阿姜查的禪修世界——慧	阿姜查◎著	230元
JB0018X	遠離四種執著	究給・企千仁波切◎著	280元
JB0019	禪者的初心	鈴木俊隆◎著	220元
JB0020X	心的導引	薩姜・米龐仁波切◎著	240元
JB0021X	佛陀的聖弟子傳 1	向智長老◎著	240元
JB0022	佛陀的聖弟子傳 2	向智長老◎著	200元
JB0023	佛陀的聖弟子傳 3	向智長老◎著	200元
JB0024	佛陀的聖弟子傳 4	向智長老◎著	260元
JB0025	正念的四個練習	喜戒禪師◎著	260元
JB0026	遇見藥師佛	堪千創古仁波切◎著	270元
JB0027	見佛殺佛	一行禪師◎著	220元
JB0028	無常	阿姜查◎著	220元
JB0029	覺悟勇士	邱陽・創巴仁波切◎著	230元
JB0030	正念之道	向智長老◎著	280元

JB0031	師父——與阿姜查共處的歲月	保羅．布里特◎著	260元
JB0032	統御你的世界	薩姜．米龐仁波切◎著	240元
JB0033	親近釋迦牟尼佛	髻智比丘◎著	430元
JB0034	藏傳佛教的第一堂課	卡盧仁波切◎著	300元
JB0035	拙火之樂	圖敦．耶喜喇嘛◎著	280元
JB0036	心與科學的交會	亞瑟．札炯克◎著	330元
JB0037	你可以，愛	一行禪師◎著	220元
JB0038	專注力	B．艾倫．華勒士◎著	250元
JB0039	輪迴的故事	慈誠羅珠堪布◎著	270元
JB0040	成佛的藍圖	堪千創古仁波切◎著	270元
JB0041	事情並非總是如此	鈴木俊隆禪師◎著	240元
JB0042	祈禱的力量	一行禪師◎著	250元
JB0043	培養慈悲心	圖丹．卻准◎著	320元
JB0044	當光亮照破黑暗	達賴喇嘛◎著	300元
JB0045	覺照在當下	優婆夷　紀．那那蓉◎著	300元
JB0046	大手印暨觀音儀軌修法	卡盧仁波切◎著	340元
JB0047X	蔣貢康楚閉關手冊	蔣貢康楚羅卓泰耶◎著	260元
JB0048	開始學習禪修	凱薩琳．麥唐諾◎著	300元
JB0049	我可以這樣改變人生	堪布慈囊仁波切◎著	250元
JB0050	不生氣的生活	W. 伐札梅諦◎著	250元
JB0051	智慧明光：《心經》	堪布慈囊仁波切◎著	250元
JB0052	一心走路	一行禪師◎著	280元
JB0054	觀世音菩薩妙明教示	堪布慈囊仁波切◎著	350元
JB0055	世界心精華寶	貝瑪仁增仁波切◎著	280元
JB0056	到達心靈的彼岸	堪千．阿貝仁波切◎著	220元
JB0057	慈心禪	慈濟瓦法師◎著	230元
JB0058	慈悲與智見	達賴喇嘛◎著	320元
JB0059	親愛的喇嘛梭巴	喇嘛梭巴仁波切◎著	320元
JB0060	轉心	蔣康祖古仁波切◎著	260元
JB0061	遇見上師之後	詹杜固仁波切◎著	320元
JB0062	白話《菩提道次第廣論》	宗喀巴大師◎著	500元
JB0063	離死之心	竹慶本樂仁波切◎著	400元
JB0064	生命真正的力量	一行禪師◎著	280元

JB0065	夢瑜伽與自然光的修習	南開諾布仁波切◎著	280元
JB0066	實證佛教導論	呂真觀◎著	500元
JB0067	最勇敢的女性菩薩——綠度母	堪布慈囊仁波切◎著	350元
JB0068	建設淨土——《阿彌陀經》禪解	一行禪師◎著	240元
JB0069	接觸大地——與佛陀的親密對話	一行禪師◎著	220元
JB0070	安住於清淨自性中	達賴喇嘛◎著	480元
JB0071/72	菩薩行的祕密【上下冊】	佛子希瓦拉◎著	799元
JB0073	穿越六道輪迴之旅	德洛達娃多瑪◎著	280元
JB0074	突破修道上的唯物	邱陽．創巴仁波切◎著	320元
JB0075	生死的幻覺	白瑪格桑仁波切◎著	380元
JB0076	如何修觀音	堪布慈囊仁波切◎著	260元
JB0077	死亡的藝術	波卡仁波切◎著	250元
JB0078	見之道	根松仁波切◎著	330元
JB0079	彩虹丹青	祖古．烏金仁波切◎著	340元
JB0080	我的極樂大願	卓千拉貢仁波切◎著	260元
JB0081	再捻佛語妙花	祖古．烏金仁波切◎著	250元
JB0082	進入禪定的第一堂課	德寶法師◎著	300元
JB0083	藏傳密續的真相	圖敦．耶喜喇嘛◎著	300元
JB0084	鮮活的覺性	堪千創古仁波切◎著	350元
JB0085	本智光照	遍智　吉美林巴◎著	380元
JB0086	普賢王如來祈願文	竹慶本樂仁波切◎著	320元
JB0087	禪林風雨	果煜法師◎著	360元

橡樹林文化 ❖❖ 衆生系列 ❖❖ 書目

JP0001	大寶法王傳奇	何謹◎著	200 元
JP0002X	當和尚遇到鑽石（增訂版）	麥可・羅區格西◎著	360 元
JP0003X	尋找上師	陳念萱◎著	200 元
JP0004	祈福 DIY	蔡春娉◎著	250 元
JP0006	遇見巴伽活佛	溫普林◎著	280 元
JP0009	當吉他手遇見禪	菲利浦・利夫・須藤◎著	220 元
JP0010	當牛仔褲遇見佛陀	蘇密・隆敦◎著	250 元
JP0011	心念的賽局	約瑟夫・帕蘭特◎著	250 元
JP0012	佛陀的女兒	艾美・史密特◎著	220 元
JP0013	師父笑呵呵	麻生佳花◎著	220 元
JP0014	菜鳥沙彌變高僧	盛宗永興◎著	220 元
JP0015	不要綁架自己	雪倫・薩爾茲堡◎著	240 元
JP0016	佛法帶著走	佛朗茲・梅蓋弗◎著	220 元
JP0018C	西藏心瑜伽	麥可・羅區格西◎著	250 元
JP0019	五智喇嘛彌伴傳奇	亞歷珊卓・大衛一尼爾◎著	280 元
JP0020	禪　兩刃相交	林谷芳◎著	260 元
JP0021	正念瑜伽	法蘭克・裘德・巴奇歐◎著	399 元
JP0022	原諒的禪修	傑克・康菲爾德◎著	250 元
JP0023	佛經語言初探	竺家寧◎著	280 元
JP0024	達賴喇嘛禪思 365	達賴喇嘛◎著	330 元
JP0025	佛教一本通	蓋瑞・賈許◎著	499 元
JP0026	星際大戰・佛部曲	馬修・波特林◎著	250 元
JP0027	全然接受這樣的我	塔拉・布萊克◎著	330 元
JP0028	寫給媽媽的佛法書	莎拉・娜塔莉◎著	300 元
JP0029	史上最大佛教護法一阿育王傳	德千汪莫◎著	230 元
JP0030	我想知道什麼是佛法	圖丹・卻淮◎著	280 元
JP0031	優雅的離去	蘇希拉・布萊克曼◎著	240 元
JP0032	另一種關係	滿亞法師◎著	250 元
JP0033	當禪師變成企業主	馬可・雷瑟◎著	320 元
JP0034	智慧 81	偉恩・戴爾博士◎著	380 元

JP0035	覺悟之眼看起落人生	金菩提禪師◎著	260 元
JP0036	貓咪塔羅算自己	陳念萱◎著	520 元
JP0037	聲音的治療力量	詹姆斯・唐傑婁◎著	280 元
JP0038	手術刀與靈魂	艾倫・翰彌頓◎著	320 元
JP0039	作為上師的妻子	黛安娜・J・木克坡◎著	450 元
JP0040	狐狸與白兔道晚安之處	庫特・約斯特勒◎著	280 元
JP0041	從心靈到細胞的療癒	喬思・慧麗・赫克◎著	260 元
JP0042	27% 的獲利奇蹟	蓋瑞・賀許伯格◎著	320 元
JP0043	你用對專注力了嗎？	萊斯・斐米博士◎著	280 元
JP0044	我心是金佛	大行大禪師◎著	280 元
JP0045	當和尚遇到鑽石 2	麥可・羅區格西◎等著	280 元
JP0046	雪域求法記	邢肅芝（洛桑珍珠）◎口述	420 元
JP0047	你的心是否也住著一隻黑狗？	馬修・約翰史東◎著	260 元
JP0048	西藏禪修書	克莉絲蒂・麥娜麗喇嘛◎著	300 元
JP0049	西藏心瑜伽 2	克莉絲蒂・麥娜麗喇嘛◎等著	300 元
JP0050	創作，是心靈療癒的旅程	茱莉亞・卡麥隆◎著	350 元
JP0051	擁抱黑狗	馬修・約翰史東◎著	280 元
JP0052	還在找藉口嗎？	偉恩・戴爾博士◎著	320 元
JP0053	愛情的吸引力法則	艾莉兒・福特◎著	280 元
JP0054	幸福的雪域宅男	原人◎著	350 元
JP0055	貓馬麻	阿義◎著	350 元
JP0056	看不見的人	中沢新一◎著	300 元
JP0057	內觀瑜伽	莎拉・鮑爾斯◎著	380 元
JP0058	29 個禮物	卡蜜・沃克◎著	300 元
JP0059	花仙療癒占卜卡	張元貞◎著	799 元
JP0060	與靈共存	詹姆斯・范普拉◎著	300 元
JP0061	我的巧克力人生	吳佩容◎著	300 元
JP0062	這樣玩，讓孩子更專注、更靈性	蘇珊・凱瑟・葛凌蘭◎著	350 元
JP0063	達賴喇嘛送給父母的幸福教養書	安娜・芭蓓蔻爾・史蒂文・李斯◎著	280 元
JP0064	我還沒準備說再見	布蕾克・諾爾＆帕蜜拉・D・布萊爾◎著	380 元
JP0065	記憶人人 hold 得住	喬許・佛爾◎著	360 元
JP0066	菩曼仁波切	林建成◎著	320 元
JP0067	下面那裡怎麼了？	莉莎・瑞金◎著	400 元

JP0068	極密聖境・仰桑貝瑪貴	邱常梵◎著	450 元
JP0069	停心	釋心道◎著	380 元
JP0070	聞盡	釋心道◎著	380 元
JP0071	如果你對現況感到倦怠……	威廉・懷克羅◎著	300 元
JP0072	希望之翼：倖存的奇蹟，以及雨林與我的故事	茱莉安・柯普科◎著	380 元
JP0073	我的人生療癒旅程	鄧嚴◎著	260 元
JP0074	因果，怎麼一回事？	釋見介◎著	240 元

橡樹林文化成就者傳記系列書目

JS0001	惹瓊巴傳	堪千創古仁波切◎著	260 元
JS0002	曼達拉娃佛母傳	喇嘛卻南、桑傑・康卓◎英譯	350 元
JS0003	伊喜・措嘉佛母傳	嘉華・蔣秋、南開・寧波◎伏藏書錄	400 元
JS0004	無畏金剛智光：怙主敦珠仁波切的生平與傳奇	堪布才旺・董嘉仁波切◎著	400 元
JS0005	珍稀寶庫——薩迦總巴創派宗師 貢嘎南嘉傳	嘉敦・強秋旺嘉◎著	350 元

橡樹林文化 ❖❖ 蓮師文集系列 ❖❖ 書目

JA0001	空行法教	伊喜・措嘉佛母輯錄付藏	260 元
JA0002	蓮師傳	伊喜・措嘉記錄撰寫	380 元
JA0003	蓮師心要建言	艾瑞克・貝瑪・昆桑◎藏譯英	350 元
JA0004	白蓮花：蓮師七句祈請文闡釋	蔣貢米龐仁波切◎著	260 元

蓮師文集系列　JA0005

松嶺寶藏：蓮師向空行母伊喜・措嘉開示之甚深寶藏口訣

作　　者／蓮花生大士（Padmasambhava）
中 譯 者／黃靜慧
校　　閱／普賢法譯小組
業　　務／顏宏紋

總 編 輯／張嘉芳
出　　版／橡樹林文化
城邦文化事業股份有限公司
台北市民生東路二段 141 號 5 樓
電話：(02)25007696　傳眞：(02)25001951
發　　行／英屬蓋曼群島家庭傳媒股份有限公司城邦分公司
台北市民生東路二段 141 號 5 樓
客服服務專線：(02)25007718；(02)25001991
24 小時傳眞專線：(02)25001990；(02)25001991
服務時間：週一至週五上午 09：30 ～ 12：00；下午 13：30 ～ 17：00
劃撥帳號：19863813；戶名：書虫股份有限公司
讀者服務信箱：service@readingclub.com.tw
城邦讀書花園網址：www.cite.com.tw
香港發行所／城邦（香港）出版集團有限公司
香港九龍九龍城土瓜灣道 86 號順聯工業大廈 6 樓 A 室
電話：(852)25086231　傳眞：(852)25789337
E-mail：hkcite@biznetvigator.com
馬新發行所／城邦（馬新）出版集團【Cité (M) Sdn. Bhd.(458372U)】
41, Jalan Radin Anum, Bandar Baru Sri Petaling,
57000 Kuala Lumpur, Malaysia.
Tel: (603) 90563833
Fax:(603) 90576622
email:services@cite.my

版面構成／歐陽碧智
封面設計／周家瑤
印　　刷／韋懋實業有限公司

初版一刷／ 2013 年 5 月
初版十二刷／ 2024 年 1 月
ISBN ／ 978-986-6409-57-8
定價／ 330 元

城邦讀書花園
www.cite.com.tw

國家圖書館出版品預行編目資料

松嶺寶藏：蓮師向空行母伊喜・措嘉開示之甚深寶藏口訣 / 蓮花生大士（Padmasambhava）著；黃靜慧譯．-- 初版．-- 臺北市：橡樹林文化，城邦文化出版：家庭傳媒城邦分公司發行，2013.05
面；　公分．--（蓮師文集；JA0005）
譯自：Treasures from Juniper Ridge：The profound instructions of Padmasambhava to the Dakini Yeshe Tsogyal
ISBN 978-986-6409-57-8（平裝）

1. 藏傳佛教　2. 佛教說法　3. 佛教修持

266.965　　102007348

廣　告　回　函
北區郵政管理局登記證
北台字第 10158 號
郵資已付　免貼郵票

104 台北市中山區民生東路二段 141 號 5 樓

城邦文化事業股份有限公司

橡樹林出版事業部　收

請沿虛線剪下對折裝訂寄回，謝謝！

|橡|樹|林|

書名：松嶺寶藏：蓮師向空行母伊喜．措嘉開示之甚深寶藏口訣　書號：JA0005

橡樹林文化

讀者回函卡

感謝您對橡樹林出版社之支持，請將您的建議提供給我們參考與改進；請別忘了給我們一些鼓勵，我們會更加努力，出版好書與您結緣。

姓名：＿＿＿＿＿＿＿＿＿＿ □女 □男 生日：西元＿＿＿＿＿年

Email：＿＿＿＿＿＿＿＿＿＿＿＿＿＿＿＿＿＿＿＿＿＿

●您從何處知道此書？

□書店 □書訊 □書評 □報紙 □廣播 □網路 □廣告 DM □親友介紹

□橡樹林電子報 □其他＿＿＿＿＿＿＿

●您以何種方式購買本書？

□誠品書店 □誠品網路書店 □金石堂書店 □金石堂網路書店

□博客來網路書店 □其他＿＿＿＿＿＿

●您希望我們未來出版哪一種主題的書？（可複選）

□佛法生活應用 □教理 □實修法門介紹 □大師開示 □大師傳記

□佛教圖解百科 □其他＿＿＿＿＿＿＿

●您對本書的建議：

＿＿＿＿＿＿＿＿＿＿＿＿＿＿＿＿＿＿＿＿＿＿＿＿

＿＿＿＿＿＿＿＿＿＿＿＿＿＿＿＿＿＿＿＿＿＿＿＿

＿＿＿＿＿＿＿＿＿＿＿＿＿＿＿＿＿＿＿＿＿＿＿＿

＿＿＿＿＿＿＿＿＿＿＿＿＿＿＿＿＿＿＿＿＿＿＿＿

＿＿＿＿＿＿＿＿＿＿＿＿＿＿＿＿＿＿＿＿＿＿＿＿

非常感謝您提供基本資料，基於行銷及客戶管理或其他合於營業登記項目或章程所定業務需要之目的，家庭傳媒集團（即英屬蓋曼群商家庭傳媒股份有限公司城邦分公司、城邦文化事業股份有限公司、書虫股份有限公司、墨刻出版股份有限公司、城邦原創股份有限公司）於本集團之營運期間及地區內，將不定期以 MAIL 訊息發送方式，利用您的個人資料於提供讀者產品相關之消費與活動訊息，如您有依照個資法第三條或其他需服務之務，得致電本公司客服。

我已經完全瞭解左述內容，並同意本人資料依上述範圍內使用。

＿＿＿＿＿＿＿＿＿＿＿＿＿（簽名）

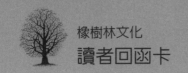